어느덧 낯선 노년의 문 앞에서

노년의 문을 열다

성정현 · 신영화 · 신은주 · 윤혜미 · 이숙영 · 정선욱
조수현 · 좌현숙 · 최승희 · 홍석준 · 홍순혜 공저

학지사

머리말

『노년의 문을 열다』는 한국여성복지연구회의 다섯 번째 공동작업의 결과물이다. 한국여성복지연구회는 사회복지학을 공부하고 실천하고자 하는 동료들이 현대사회와 사회 문제, 사회 변화에 따른 사회복지적 대안과 사회복지교육, 그리고 개인적인 삶의 경험 등에 대해 30년 넘게 함께 생각하고 이야기해 온 모임이다.

연구회의 앞선 저작들이 전공교과서 또는 사회복지에 대한 이해를 돕는 교양서였다면, 이번 작업에서는 이론 소개, 현황 분석, 체험과 경험의 공유, 영상물 분석 등 다양한 내용과 방식으로 나이 듦과 노년에 대해 학문과 경험의 경계를 넘나드는 컬래버레이션을 시도하였다. 이러한 시도는 필자들의 주관적인 생각과 경험을 독자 앞에 열어 놓고, 독자의 다양하고 주관적인 생각과 경험을 함께 이야기하고 다시 말하는 광장을 제공하려는 의도에서 출발하였다.

이 책은 학업에 매진했던 청년기와 일과 가정을 양립하면서 정신이 없을 정도로 바쁘게 살아온 중년기를 지나, 어느새 노년기의 문턱에 서 있는 사회과학자들의 경험과 성찰을 담고 있다. 쉼 없이 달려오다 노년기의 문 앞에서 부모 돌봄과 상실을 모두 감당해 내야 하는 상황을 맞이하면서, 노년을 어떻게 맞이하고 보내야 할지에 대한 필자들의 고민과 경험, 그리고 지식과 정보가 노년을 향한 독자들의 여정에 좋은 동행이 되기를 기대한다.

이 책은 총 4부로 구성되었다. 1부 '노년의 재발견'에서는 하나에서 아홉까지의 숫자를 통해 우리가 경험하고 있는 노년을 성찰해 보고, 노년을 인구와 사회복지 차원의 부담과 의학적 상실 혹은 쇠퇴의 측면으로 이해하기보다는 건강과 장수, 지혜, 경륜의 완성으로 나아가는 긍정적 과정으로 재인식하고 노인과 노년에 대한 사회문화적 의미를 이야기하였다.

2부 '노년에 만나는 낯선 경험'에서는 혈기왕성하게 일에 매진했던 필자들이 노년의 문턱에 서기까지 겪었던 낯선 경험을 독자들과 함께 생각해 보고, 관련된 정보를 공유하고자 하였다. 신체적 불편을 겪으면서 이전에는 잘 몰랐던 노년기 어르신들의 삶을 되돌아보고, 부모 세대의 상실을 경험하면서 겪게 될 비탄을 극복하기 위한 마음가짐과 존엄한 죽음에 대해 성찰하였다. 또 사회적으로 연장자의 위치에 있었지만 부모에게는 여전히 물가에 내놓은 어린 자식 같았던 필자들이, 이제는 서로의 위치가 바뀌어 부모를 돌봐 드려야 하는 보호자로서의 역할을 하나둘씩 더해 가며 겪은 경험과 새로운 이해, 그리고 배려의 필요성에 대해 진솔하게 이야기하였다.

3부 '부모님과 동행하는 노년'에서는 노년의 상징인 할아버지와 할머니 호칭에 내재된 권력과 능력을 둘러싼 성과주의, 능력주의의 문제점과 지향점을 성찰하였다. 또 배우자를 뒷바라지하고 자녀를 알뜰살뜰 키우기 위해 자신을 희생한 어머니가 수십 년 만에 자신만을 위한 시간을 가지면서 행복하고 성공적인 노년기를 만들어 가는 것을 지켜보며 느낀 성찰을 담았다. 그리고 부모님과의 이별을 겪으면서 느꼈던 안타까운 경험, 삶이 그러하듯 죽음 역시 존엄하게 맞이하기 위해 우리 사회가 준비해야 할 것들, 그리고 독자와 공유하고 싶은 정보를 이야기해 보았다.

마지막으로, 4부 '영화로 만나는 노년'에서는 영화 〈인턴〉과 〈아무르〉 〈유스〉, 그리고 드라마 〈디어 마이 프렌즈〉를 통해 노년기의 일상적 경험과 삶, 존엄성을 함께 생각해 보았다.

과학의 발달로 기대수명이 늘어나면서 고령화도 더욱 가속화되고 있다. 쉴 새 없이 달려오다 보면 누구나 어느덧 낯선 노년의 문 앞에 서게 될 것이다. 우리가 노년을 어떻게 맞이하고 향유할 것인가에 대해 낯설게 느끼는 것처럼, 이전 세대는 아무런 사회적 배려 없이 이런 낯섦과 불편함, 부당함을 겪었을 것이다. 이제 우리는 초고령 사회를 목전에 두고 있다. 지금과 같이 인구, 고용, 경제 차원에 급급하기보다는 노년기를 어떻게 인식하고 자신답게 살아가기 위해 어떻게 준비해야 하며, 또 이 사회를 이끌어 온 노년 세대를 위해 우리와 공동체가 어떻게 배려하고 대우할지 성찰할 기회가 필요하다. 이 책에서 함께 나누고자 한 필자들의 경험이 그런 문제를 해결하는 데 도움이 되기를 희망한다.

이 자리를 빌려 감사의 마음을 전한다. 먼저 객원 필자들에게 감사를 드린다. 노년에 대한 지평을 넓혀 준 문화인류학자 홍석준 선생님, 가족 이야기를 감성과 지성으로 맛깔스럽게 엮어 준 이숙영 선생님, 손녀의 입장에서 할머니와 어머니 세대 이야기를 조심스레 풀어 간 조수현 씨에게 고마운 마음을 전한다. 그리고 집필에 참여하지는 않았지만, 나이 듦의 경험을 기꺼이 나누고 노년에 대해 함께 토론하며 『노년의 문을 열다』의 기획과 논의, 출판의 모든 과정에 적극적으로 참여한 김혜래, 박경애, 이혜경, 변귀연, 양숙미 회원과 토론과 집필과정을 앞장서서 이끌어 준 윤혜미(2015~2016), 홍순혜(2017~2018) 전임회장께 깊은 감사를 드린다. 또한 기꺼이 편집위원장의 역할을 맡아서 이 책의 기획에서 출간에 이르기까지 오랜 기간 숙고하고 헌신적으로 소임을 다한 성정현 회원과 집필에 참여한 회원들의 열정과 노고에 진심으로 감사를 드린다.

끝으로 가장 가까이에서 생생한 삶의 이야기를 풍부하게 함께 말하고 다시 쓸 수 있도록 지지해 준 가족에게 고마움을 전한다. 또한 흔쾌히 출판을 맡아 준 학지사 김진환 사장님, 편집과 교정 작업을 민감하고 섬세하게 수행해 준 학지사 이영민 씨와 관계자들에게, 그리고 '우리 모두 늙어 간다'는 평범한 진리를 기억하며 이 책에 손을 내민 호기심 많은 독자에게 감사를 전한다.

2019년 8월

한국여성복지연구회 회장

신영화

차례

3부 부모님과 동행하는 노년

4부 영화로 만나는 노년

숫자로 읽는 나이 듦

‘노년’과 ‘노인’담론의 문화적 특징과 의미

노인의 가치와 나이 듦의 의미

1부

노년의 재발견

숫자로 읽는 나이 듦

정선욱
좌현숙

하나, 1인 가구, 독거노인

통계청(2017)의 '장래가구추계'에 따르면, 65세 이상인 고령자 1인 가구가 2016년도에 129만 4천 가구에 달한 것으로 나타났다. 이는 전체 고령자 가구(386만 7천 가구) 중 33.5%에 이르는 수치다. 성별 실태를 보면, 2016년에는 여성이 남성보다 약 3배 정도 많은 것으로 나타났다. 아직까지 고령자 중에는 여성 1인 가구가 남성의 경우보다 매우 많지만, 의료기술의 발달로 기대수명이 연장되면서 남성 1인 가구의 비중이 지속적으로 늘어나고 있어 점차 남녀간 격차가 줄어들고 있다. 연령에서도 변화를 보이고 있다. 급속한 고령화로 인해 70대 1인 가구의 비중은 47.5%로 나타나며, 80세 이상의 비중도 계속 증가하고 있다(통계청, 2017). 이에 보건복지부는 2018년도에 '제2차 독거노인 종합지원대책(18–22)'을 발표하였는데, 그 대책에 내재된 문제인식은 다음과 같다.

첫째, 고령화가 심화되는 반면 부모부양의식이 변화하여, 향후 독거노인의 규모가 지속적으로 증가할 것으로 예상된다. 2018년 현재 140만 명이던 것이 2035년에는 300만 명으로 빠른 속도로 증가할 것이다.

둘째, 건강 영역, 사회관계 등의 측면에서 취약한 독거노인이 증가할 것이다. 보호가 필요한 독거노인은 결식률, 만성질환 유병률, 국민기초생활수급비율, 경제활동 미참여율, 자가 미거주율, 우울증상, 자살생각 등에서 자녀동거노인이나 노인부부에 비해 취약한 것으로 나타나(정경희 외, 2014), 이들에 대한 사회적 대비가 필요하다.

셋째, 외부지원을 거부하는 은둔형의 독거노인도 계속 증가하고 있는데, 이는 노인고독사 문제와 연관된다는 점에서 사회적 관심과 대책이 필요하다.

이러한 문제인식에서 출발한 독거노인 종합지원 대책 및 서비스 계획을 요약하면 다음과 같다.

첫 번째, 공공돌봄 서비스와 민간 및 지역 협력체계 구축을 통해 돌봄 서비스를 확대한다.

두 번째, 독거노인 종합지원센터에서 지원하는 독거노인 사랑잇기[1](2011년~) 등의 사업을 진행한다. 독거노인 사랑잇기는 민간기업이나 단체 등과 업무협약을 맺고, 콜센터 등을 통해 독거노인의 안부를 정기적으로 확인하거나 자원봉사와 후원금품을 제공하는 것 등을 포함한다.

여기서 독거노인 종합지원대책의 돌봄 문제는 커뮤니티 케어와 관련된다. 현재 장기요양 서비스, 노인 돌봄 서비스 등 노인 돌봄과 관련된 제도적 인프라는 구축되어 있으나 재가 서비스는 충분하지 못하다. 또 재가(돌봄) 서비스와 의료(입원) 서비스를 연계할 수 있는 기제가 없어서 서비스가 분절적으로 제공되는 경향이 있는 등 지역사회 내 돌봄 인프라의 부족 문제가 발생하고 있다. 그로 인해 집에서 생활하기를 원하는 경우에도 불필요하게 입원 서비스를 이용함으로써 사회적 입원이 증가하고 있다(보건복지부, 2018b).

커뮤니티 케어(community care)는 돌봄(케어)을 필요로 하는 주민들이 자택이나 그룹홈 등 지역사회에 거주하면서 개개인의 욕구에 맞는 복지급여와 서비스를 누리고 지역사회와 함께 어울려 살아가며 자아실현과 활동을 할 수 있도록 돕는 사회 서비스 체계로서(보건복지부, 2018b), 노인 돌봄의 사각지대를 해소하는 데 기여할 것으로 기대된다.

1) 독거노인 사랑잇기 사업은 독거노인 종합지원센터(1661-2129)에서 지원한다.

둘, 부부관계 양상 변화

의료기술의 발달과 생활 수준의 향상으로 평균수명이 증가하고 있다. 노년기가 길어지고 자녀 출가 후 부부가 함께 지내는 기간도 길어짐에 따라 노년기 부부의 삶의 질에 대한 관심도 부각되고 있다(김영희, 정면순, 2018). 노년기의 결혼만족도 혹은 삶의 만족도에 영향을 미치는 것이 부부관계인데, '빈 둥지 시기'로 특징짓는 노년기에는 성인 자녀들이 출가하여 부부만 남는 경우가 많기 때문이다(나예원, 김형수, 2016).

친밀하고 애정이 있는 부부관계는 결혼이나 삶의 만족도에 긍정적인 영향을 미치지만 결혼기간 동안 누적된 배우자에 대한 불만이 갈등으로 드러나기도 한다. 부부가 서로 접하는 시간이 적어 갈등이 있어도 그것이 표면화될 기회가 적었지만, 은퇴 이후에는 배우자와 함께 보내는 시간이 길어지면서 과거에 해결되지 못했던 갈등이 표출되어 관계가 악화되거나 서로에게서 고립된 생활을 하기도 한다(전길양, 임선영, 1998).

최근 사회적으로 관심을 받는 황혼이혼은 오랜 결혼생활을 통해 누적된 배우자에 대한 부정적 감정과 다양한 갈등이 표출되어 나타나는 현상이다(유순희, 정민자, 2018). '황혼이혼'은 법, 제도에서는 명확하게 정의되지 않았으나 일반적으로 '20년 이상 결혼생활을 해 온 부부의 이혼'으로 일컬어지며, 은퇴 시기의 베이비부머들의 이혼이 급증하는 추세에 따라 나온 신조어다(네이버사전, 2019).

통계청의 2018년 혼인·이혼 통계 자료(통계청, 2018)에 의하면 2015년 이혼 건수는 10만 8천 7백 건인데, 이 가운데 혼인지속 기간이 4년 이하의 이혼은 약 21.4%를 차지한다. 반면, 20년 이상 결혼생활을 유지한 부부의 이혼 건수는 3만 2천 600건으로 약 33.4%를 차지하여 전체 이혼의 1/3을 넘고 있다(통계청, 2018). 흥미로운 점은 1998년 조사와 비교했을 때, 결혼기간 4년 이하 부부의 이혼은 29.4%에서 21.4%로 감소했으나 20년 이상 부부의 이혼은 12.4%에서 33.4%로 급격하게 증가했다는 점이다. 과거에는 결혼지속 기간이 길어질수록 이혼은 감소했으나, 최근에는 혼인지속 기간이 15년 미만에서는 감소하다가 15년 이상부터는 증가하고 있으며, 20년 이상에서는 더욱 급격하게 증가하고 있다.[2]

황혼이혼의 증가는 결혼 및 이혼에 대한 생각의 변화와도 관련이 된다. 65세 이상의 가족, 복지, 사회참여 등에 대한 최근 10년간의 의식 변화를 분석한 자료[3]에 의하면, 2006년 조사에서 남녀 응답자 모두 '결혼을 해야 한다'고 생각하는 비율은 89.0%, 82.6%였으나, 2014년에는 79.8%. 76.1%로 감소했으며, '결혼은 해도 좋고 하지 않아도 좋다'는 중립적 의견은 남여 각각 8.4%, 12.0%에서 17.6%, 19.7%로 증가 추세를 보였다. 이혼에 대해 '이혼은 해서는 안 된다'고 생각하는 비율이 남성과 여성 응답자 각각 82.3%,

2) 이혼 시 부부의 평균연령을 비교해 보면, 2008년 조사에서는 이혼 시 남자의 평균연령은 44.3세, 여자는 40.5세였으나, 2018년 조사에서는 남자가 48.3세로 약 4.0세가 높았으며 여자의 경우에도 44.8세로 나타나 10년 전과 비교해 약 4.3세 높아졌다(통계청, 2018).

3) 국민의 주관적 의식을 파악하는 「사회조사」 결과를 이용하여 고령자(65세 이상)의 가족, 복지, 사회참여 등에 대한 최근 10년간의 의식 변화를 분석한 결과다(통계청, 2016).

80.6%로 높게 나타났고, 여성보다 남성 응답자에게서 높은 비율을 보였다. 그러나 2014년 조사에서는 이러한 경향이 바뀌어 이혼에 대한 반대 의견이 남성과 여성 모두 68.9%로 낮아졌으며 남성과 여성이 동일한 비율을 보였다(통계청, 2016). 또한 '이혼은 이유가 있으면 하는 것이 좋다'는 내용에 대해서도 2006년에는 남성과 여성 각각 3.9%, 4.3%로 나타난 반면, 2014년에는 7.4%, 7.8%로 남성과 여성 집단 모두에서 증가하여 최근 10년 동안 결혼과 이혼에 대한 견해에 많은 변화가 있었다. 이러한 조사결과를 정리해 보면, 2000년대 초반에는 이혼에 대하여 '해서는 안 된다'고 생각하는 남자의 비율이 여자에 비해 상대적으로 높았지만 그 이후로는 남녀의 생각이 동일한 수준으로 나타나고 있으며, 이러한 견해는 계속 감소하고 있다.

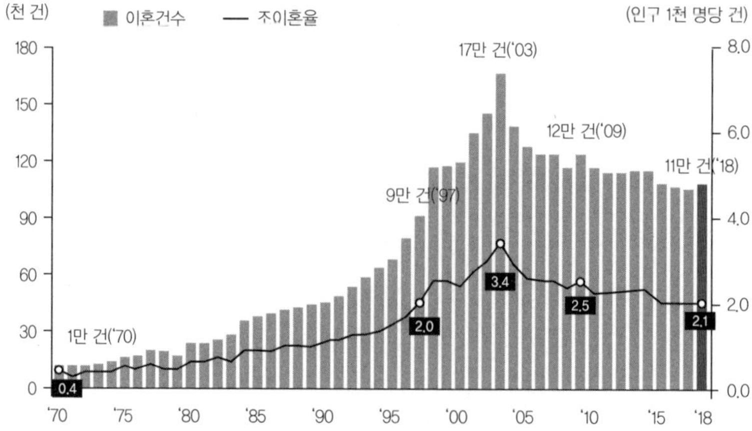

이혼 건수 및 조이혼율 추이

출처: 통계청(2018). 2018 혼인 · 이혼통계, p. 19.

황혼이혼을 하는 연령대가 주로 50대 후반에서 60대 이상이고, 자녀가 대부분 성인이 되어 결혼하거나 독립한 이후이며 남편의 퇴직 이후에 이혼이 증가되고 있다. 이는 일본의 황혼이혼 문화인 '나리타 공항의 이별'과 유사한 현상으로도 이해되는데, 결혼과 이혼에 대한 중장년층 및 고령자의 가치관 변화, 베이비부머 세대의 은퇴, 노년층의 이혼 증가현상을 통해 우리나라에서 황혼이혼 증가현상은 앞으로도 지속될 것으로 예견된다(유순희, 2017).

셋, 3세대

노인의 가족관계 중 자녀 및 손자녀와의 관계에서도 다양한 변화를 읽을 수 있다. 최근 들어 노인 가구가 증가하고 자녀와 함께 살지 않는 비율도 높아지고 있는데, 2017년 조사에서는 65세 이상 응답자의 72.4%가 현재 자녀와 따로 살고 있으며, 비동거 비율이 증가 추세에 있는 것으로 나타났다. 65세 이상 고령자의 자녀와 비동거 비율 변화를 연도별로 살펴보면 2011년 68.6%, 2015년 71.8%에서 2017년에는 72.4%로 지속적으로 증가하고 있다(통계청, 2018). 자녀와 함께 살고 있지 않은 이유로는 '따로 사는 것이 편해서' '독립생활가능' '자녀에게 부담이 될까 봐' 순으로 조사되었다.

2017년도 노인실태조사에서 응답자의 대부분인 97.1%가 '자녀가 있다'고 응답했으며, 평균 자녀의 수는 3.1명으로 나타났다. 자녀와 동거하는 노인 중 67.6%가 동거 자녀로부터 정서적 지원을 받았으며, 63.7%는 정서적 지원을 제공한다고 응답하여 동거 자녀에게 일방적으로 정서적 지지를 받거나 제공하는 것이 아니라 서로 정서적 지원을 서로 주고받는 것으로 알 수 있다.

한편, 비동거 자녀와는 응답자의 9.6%가 거의 매일 왕래하고 있고 28.3%는 거의 매일 연락을 주고받았다. 월 1회 왕래하고 주 1회 이상 연락을 하는 것이 일상적인 접촉 실태인데, 이는 자녀의 거주 거리와 관련이 있어 가까이 살수록 왕래 및 연락빈도가 높은 것으로 나타났다. 노인의 대부분이 자녀를 두는 것만큼 손자녀를 둔 노인의 비율도 91.3%로 높다. 평균 손자녀의 수는 4.9명인데 비동거 손자녀와의 접촉 실태를 보면 주 1회 이상 왕래하는 비율이 14.3%, 월 1회 이상 왕래는 34.1%로 나타났으나, 26.4%는 손자녀와 전혀 연락을 주고받지 않는다는 비율도 높게 나타났다(한국보건사회연구원, 2017).

한편, 우리나라의 경우 조부모가 손자녀를 돌보는 경우도 꽤 있는데, 2017년 우리나라 65세 이상 고령자 중 4.4%가 지난 1년간 직접 돌봐 준 10세 미만의 손자·손녀가 있다고 응답하였으며, 2014년(6.4%)보다 2.0%p 감소하였다(통계청, 2018).

손자·손녀 돌봄(65세 이상) **(단위 : %)**

	손자·손녀 돌봄률*	돌봄 손자·손녀 수			
		계	1명	2명	3명 이상
2014	6.4	100.0	62.6	32.2	5.1
2017	4.4	100.0	56.7	37.7	5.6

출처: 한국보건사회연구원, 각년도「노인실태조사」.
주: *지난 1년간 직접 돌봐 준 10세 미만의 손자·손녀가 있다고 응답한 비율

넷, 4고(苦), 빈고 · 고독고 · 무위고 · 병고

노인이 되면서 겪는 고통은 빈고(貧苦), 고독고(孤獨苦), 무위고(無爲苦), 병고(病苦)의 네 가지로 요약된다. 다시 말해 경제적 문제, 소외감, 역할상실, 건강 문제가 그것이다. 이 네 가지 고통 가운데 건강 문제를 먼저 살펴보면, 2017년 노인실태조사결과, 노인의 약 3/4이 2개 이상의 만성질환을 갖고 있고, 21.1%가 우울증상이 있으며, 14.5%는 인지기능의 저하를 경험하였고, 8.7%는 일상생활수행능력(Activity of Daily Living: ADL[4])에서 제한이 있는 것으로 나타났다(정경희 외, 2017). 또 노인은 월평균 2.4회 보건의료기관을 이용하고 있으며, 기능제한이 있는 노인 중 71.4%는 돌봄을 받고 있는데 이 중에서 가족의 돌봄은 89.4%, 장기요양 보험 등의 공공 서비스는 23.2%로 나타났다.

한편, 주거관련 욕구에서는 거동이 불편하더라도 현재 거주하고 있는 집에서 계속 살기를 희망하는 노인이 57.6%에 이르며, 배우자, 자녀 또는 형제자매와 같이 살기를 희망하는 비율은 10.3%로 나타났다. 이와 같은 결과는 대부분의 노인이 지역사회에 계속 거주(Aging In Place: AIP)하기를 희망하고 있음을 의미한다.

---

4) ADL: 옷 입기, 세수 · 양치질 · 머리감기, 목욕 또는 샤워하기, 차려 놓은 음식 먹기, 누웠다 일어나 방 밖으로 나가기, 화장실 출입과 대소변 후 닦고 옷 입기, 대소변 조절의 7개 문항으로 구성된다. 각 항목은 완전히 자립적으로 수행, 부분적으로 타인의 도움 필요, 전체적으로 도움 필요의 3점 척도로 측정된다.

노년기에 지역사회에서 계속 거주하는 것(이하 AIP)은 이론적 바탕을 둔 개념이라기보다는 한곳에 정착하여 거주하고자 하는 인간의 정주 욕구에 근거한 것이다. 미국 질병예방관리센터(Center for Disease Control and Prevention)는 AIP를 연령과 소득, 능력 수준과 무관하게 누구나 자신의 집이나 공동체에서 안전하고 독립적이며 편하게 사는 상태라고 정의한다. 즉, AIP는 가능한 한 노인이 살아온 지역사회에서 생활하면서 익숙한 사람들과 관계를 맺으면서 지내는 것을 의미하는 것으로 시간적 측면에서는 '가능한 한 오래', 그리고 공간적 측면에서는 '본인이 살던 익숙한 곳', 관계적 측면에서는 '친숙한 관계'의 범위를 포함한다. 요약하면, 노인의 AIP 지향은 노인이 살아왔던 곳에서 돌봄과 의료 간 연계를 추진하는 커뮤니티 케어라고 할 수 있다.

다섯, 오십(十), 천명을 아는 나이(知天命), 50세

다섯이라는 숫자와 나이 듦과 노년을 연결시킨다면, 다섯은 50세를 연상시킨다. 인생에서 50세는 지천명(知天命)의 나이로, "하늘의 명을 깨달아 알게 되었다."라는 뜻으로 사용된다. 50세는 하늘의 명을 깨달아 알게 되는 나이다. 하늘의 명을 안다는 것은 노년의 나이 듦과 노인의 연륜의 의미를 안다는 의미다.

『논어(論語)』의 「위정편(爲政篇)」에 나오는 말로, 공자(孔子)가 50세에 천명(天命), 곧 "하늘의 명령을 알았다."라고 한 것에서 연유하여, 50세를 가리키는 말로 굳어졌다. 여기서 천명이란, 우주만물을 지배하는 하늘의 명령이나 원리, 또는 객관적이고 보편적인 가치를 가리키는 유교(儒敎)의 정치사상을 말한다.

공자는 만년에 「위정편(爲政篇)」에서 다음과 같이 회고하였다. "나는 나이 열다섯에 학문에 뜻을 두었고(吾十有五而志于學), 서른에 뜻이 확고하게 섰으며(三十而立), 마흔에는 미혹되지 않았고(四十而不惑), 쉰에는 하늘의 명을 깨달아 알게 되었으며(五十而知天命), 예순에는 귀가 순해져서 남의 말과 의견을 듣기만 해도 곧 그 이치를 깨달아 이해하게 되었고(六十而耳順), 일흔이 되어서는 무엇이든 하고 싶은 대로 하여도 법도에 어긋나지 않았다(七十而從心所欲 不踰矩)."

'지천명'은 위의 '오십이지천명(五十而知天命)'에서 딴 것이다. 여기서 '천명을 안다'는 것은 하늘의 뜻을 알아 그에 순응하거나, 하늘이 만물에 부여한 최선의 원리를 안다는 뜻이다. 곧, 마흔까지는 주관적 세계에 머물렀으나, 50세가 되면서 객관적이고 보편적인 세계인 성인(聖人)의 경지로 들어섰음을 의미한다(네이버사전, 2019).

이런 의미에서, 50세는 노인의 나이 듦과 연륜이 쌓이기 시작하는 출발 시기라고 할 수 있다. 노인이 된다는 것은 천명을 깨달아 알게 된다는 것을 의미한다. 스스로가 노인이 된다는 것이 무엇을 뜻하는지를 자각하고 자신에 대한 자경심을 갖고, 자신에게 부여된 천명이 무엇인지를 깨달음으로써, 노년의 삶의 의미를 새롭게 창조할 수 있는 호기가 바로 이 시기가 아닐까 싶다. 50세는 천명을 깨달아 알 수 있는 최초의 나이이기 때문이다.

여섯, 나이 듦을 즐기기 위한 여섯 가지 원칙

인간은 지속적으로 성장하지만, 연령에 따라 혹은 인생의 주기에 따라 이전의 성장과는 성격을 달리하기도 한다. 보통 마흔 이후의 성장을 인생의 2차 성장이라 칭하는데, 이러한 2차 성장은 아래와 같은 여섯 가지 원칙을 담고 있다.

첫째, 중년의 '정체성' 확립하기, 나이 듦을 인식하기 시작하는 중년기에는 내면의 목소리에 귀를 기울이고 지속적인 성장과 쇄신을 주장한다.

둘째, '일'과 '여가 활동'의 조화, 재능과 기상, 독창성과 가치를 마음껏 표현할 수 있도록 일과 여가활동 간의 균형을 맞춘다.

셋째, '용감한 현실주의'와 '성숙한 낙관주의'의 조화, 자신이 처한 상황을 솔직하고 명확하게 평가하고 맞닥뜨리는 장애물과 두려움을 인정하며 스스로 강인함과 다른 바람직한 자질들을 인식하고 강조하는 시각을 키운다.

넷째, '자신에 대한 배려'와 '타인에 대한 배려'의 조화, 그동안 가족과 직장에 대한 배려를 우선시하느라 소홀했던 자신을 돌본다.

다섯째, '진지한 성찰'과 '과감한 실행'의 조화, 현재의 자신과 미래에 되고 싶어 하는 모습을 동시에 바라보는 데서 오는 창의적 긴장감을 받아들인다.

여섯째, '자신만의 자유' '타인과의 친밀한 관계'의 조화, 무엇으로부터의 자유, 무엇을 할 자유, 함께할 자유를 동시에 고려한다.

일곱, 7% 고령화 사회, 14% 고령사회, 20% 초고령사회

유엔(UN)의 기준에 따르면, 65세 이상 인구가 전체 인구에서 차지하는 비율이 7% 이상이면 '고령화 사회', 14% 이상은 '고령사회', 20% 이상은 '초고령사회'다. 우리나라는 2017년 8월말 기준으로 처음으로 주민등록상 65세 이상 인구가 전체 인구의 14.0%를 넘으면서 고령사회로 진입하였다(중앙일보, 2017. 9. 3.). 2026년이 되면 노인인구가 20%를 넘어 초고령사회로 진입할 것으로 예상된다. 각 시 · 군 · 구별 65세 이상 인구 비율 구간을 보면, 시 지역에서는 7% 이상 14% 미만이 37곳(49.3%), 군 지역은 20% 이상이 71곳(86.6%), 구 지역에서는 7% 이상 14% 미만이 32곳(46.4%)에 이른다.

한편, 소멸위험지수를 통해서도 노인인구 증가의 영향을 확인해 볼 수 있다. 소멸위험지수는 65세 고령인구 수와 20~39세 여성인구 수의 비율로 계산되는데, 소멸위험지수가 1.0 이하, 즉 20~39세 여

시 · 군 · 구 65세 이상 인구 비율

구분	합계	7% 미만	7~14% 미만	14~20% 미만	20% 이상
전체	226(100%)	1(0.4%)	73(32.3%)	59(26.1%)	93(41.2%)
시 지역	75(100%)	-	37(49.3%)	22(29.3%)	16(21.3%)
군 지역	82(100%)	-	4(4.9%)	7(8.5%)	71(86.6%)
구 지역	69(100%)	1(1.4%)	32(46.4%)	30(43.5%)	6(8.7%)

* 출처: 행정안전부(2017). '17년 8월말 주민등록 인구 수 5,175만 명, 65세 이상 인구 7,257,288명으로 전체 인구의 14.0% 차지.(행정안전부 보도자료, 2017. 9. 4.)

성인구 수가 65세 고령인구 수보다 적어지면 그 지역은 인구학적 쇠퇴의 위험단계에 접어들었음을 의미한다. 이 지수가 0.5 아래로 낮아져 젊은 여성인구가 절반 이하로 감소하면 극적인 전환이 없는 한 소멸위험이 매우 크다는 것을 뜻한다(경향신문, 2017. 1. 21.). 우리나라의 경우, 시 · 군 단위에서 소멸위험지수가 0.5 이하인 곳은 84개소(2016년 7월 기준)로 나타나 시 · 군 단위의 상황이 악화되고 있음을 알 수 있다.

여덟, 88세의 건강한 미수(米壽)를 위한 요건

백세 시대를 살고 있지만, 많은 사람이 70대와 80대는 다르다고들 한다. '예로부터 드물다'는 70세의 고희(古稀)를 맞으면 큰 잔치를 했던 시절이 오래되지 않았는데, 이제는 77세의 희수(喜壽)를[5] 지나 팔십팔(八十八) 자를 모으면 미(米) 자가 되는 데에서 생긴 미수(米壽)를 넘긴 어르신을 만나는 것이 아주 새롭지는 않다. 다만, 80세를 기점으로 건강과 체력이 급격히 저하되고, 경제활동에 참여하기 어려워지며 친밀한 지인들의 죽음을 경험하면서 스스로 마치 성취할 목표나 희망이 없는 시기로 인식하는 경향을 나타내기도 한다(이상우, 최재성, 2018).

5) 예로부터 드물다는 뜻으로, 사람의 나이 일흔 살 또는 일흔 살이 되는 때를 이르는 말. 두보(杜甫)의 〈곡강시(曲江詩)〉에서 '인생칠십고래희(人生七十古來稀)'라는 구절에서 온 말이다(다음 백과사전, 2019. 6. 인출)

그러나 김동길 박사는 "나이 듦을 두려워하지 마세요. 가장 좋은 때는 아직 오지 않았어요."라고 나지막하게 조언한다(헬스조선, 2015). 팔팔한 노년의 삶을 위해 마음의 안녕감을 유지하도록 하고 늘 다음의 새로운 것을 기대하며, 삶과 죽음, 젊음과 늙음, 시작과 끝, 찰나와 영원에 대해 탐색하는 자세가 늙음 혹은 나이 듦에 대한 두려움을 피하는 방법이며, 나름대로 꾸준한 습관과 생활환경을 유지하는 것도 정신적 평안에 도움이 된다고 전한다.

이와 함께 학자들은 노년기에 여가활동에 참여하는 것이 신체적 · 정서적으로 많은 도움이 된다고 조언한다. 여가를 통해 오감을 깨워 즐거움을 느끼고, 사람들과 상호 소통하여 관계를 유지하는 것이 자신감과 자존감을 유지하고 나아가 삶을 긍정적으로 인식하는 데 도움이 되기 때문이다. 하지만 노인들이 여가를 즐길 만한 공간은 턱없이 부족하다. 기껏해야 노인복지관에서 하는 프로그램 정도인데, 이것도 거동이 가능한 노인으로 한정되는 경향이 있다. 그러므로 건강한 노년을 맞도록 다양한 프로그램과 접근성은 높일 필요가 있다.

99세까지 건강하게 사시라는 의미의 '9988'이 보편화될 정도이지만, 실상은 많은 노인은 80세를 기점으로 신체적 · 정신적 쇠퇴가 급속히 진행되며, 동거하는 가족 구성원이 모두 일을 해야 하기 때문에 가정에서 돌봄을 받기가 어려워져 요양원으로 거주지를 옮기는 경우도 많다. 그야말로 아직은 '9988'이 기대와 바람을 담은 공허한 슬로건에 불과한 것이 현실이다. 그러나 초고령화 사회에 접어들면서 그야말로 건강한 미수를 지나 99세까지 건강하게 여생을 보내도록 가족과 이웃이 함께하고, 여가와 교육 등 다양한 프로그램을 통해 희망과 행복감을 느낄 수 있는 노년이 되도록 사회적 인프라를 개선하고 정책적 배려를 하는 것이 매우 중요하다.

아홉, 노인 학대, 열의 아홉은 가정에서

행위에 따라 노인 학대를 구분하면, 경제적 학대, 방임, 자기방임, 그리고 신체적 · 정서적 · 성적 학대, 유기 등으로 구분된다. 이 중 경제적 학대는 노인의 의사를 존중하지 않고, 재산 또는 권리를 빼앗는 행위를 말한다. 여기에는 경제적 착취, 노인 재산에 관한 법률 권리 위반, 경제적 권리와 관련된 의사결정의 통제 등의 행위가 포함된다. 자기방임은 노인 스스로 의식주와 의료처치 등과 같은 최소한의 자기보호 관련 행위를 의도적으로 포기하거나 혹은 본인의 의도와 상관없이 관리하지 않아 심신이 위험한 상황에 이르거나 사망에 이르는 것을 말한다.

2017년의 경우, 가정 내 학대가 89.3%로 전체 학대사례의 9/10이 가정 내에서 발생하였다. 학대 행위자로는 아들>배우자>기관>딸 순으로 나타났다.

학대피해노인 연령대는 70대가 최근 5년간 45% 내외의 수치를 보이며 가장 높은 비율을 차지하였다. 60대 이상의 노인이 노인을 학대하는 이른바 노-노 학대가 꾸준히 증가하였다. 이와 같은 노-노 학대는 고령 부부간의 배우자 학대, 스스로를 돌보지 않는 자기방임 유형의 학대, 고령의 자녀에 의한 학대로 나타났다. 이러한 노인 학대는 여러 유형이 동시다발적으로 발생하지만, 보통은 정서적–신체적–방임의 순으로 나타나고 있다.

참고자료

김영희, 정면숙(2018). 노년기 부부에 관한 국내 연구 동향분석. **인문사회**, 9(3), 171–183.

나예원, 김형수(2016). 노년기 부부의 결혼생활 만족도와 삶의 만족도에 영향을 미치는 환경요인에 관한 연구: 배우자 지지의 조절효과를 중심으로. **한국산학기술학회논문지**, 17(4), 646–662.

보건복지부(2018a). **제2차 독거노인 종합지원대책**(18–22).

보건복지부(2018b). **한국형 커뮤니티 케어(community care), 전문가와 현장의 참여로 함께 만든다.**

보건복지부 중앙노인보호전문기관(2018). **2017 노인학대 현황보고서 가이드북.**

유순희(2017). 황혼이혼 결정과정에 관한 연구: 근거이론 중심으로. 울산대학교 대학원 박사학위논문.

유순희, 정민자(2018). 황혼이혼결정과정에 관한 연구: 근거이론. **한국가정관리학회지**, 36(2), 54–71.

이상우, 최재성(2018). 초고령 노인의 삶의 변화와 안녕감에 관한 연구: 80대 노인을 중심으로. **노인복지연구**, 73(1), 81–109.

이윤경(2018). 노인의 건강과 돌봄. **보건복지포럼**, 10, 19–30

이윤경, 강은나, 김세진, 변재관(2017). **노인의 지역사회 계속 거주(Aging in Place)를 위한 장기요양제도 개편 방안**. 한국보건사회연구원.

전길양, 임선영(1998). 노년기 부부갈등과 우울에 관한 연구. **대한가정학회**

지, 36(6), 1-12.

정경희, 오영희, 이윤경, 오미애, 강은나, 김경래, 황남희, 김세진, 이선화, 이석구, 홍송이(2017). **2017년도 노인실태조사**. 한국보건사회연구원.

정경희, 오영희, 강은나, 김재호, 선우덕, 오미애, 이윤경, 황남희, 김경래, 오신휘, 박보미, 신현구, 이금룡(2014). **2014년도 노인실태조사**. 한국보건사회연구원.

통계청(2016). 2016년 고령자 통계.

통계청(2017). 2017년 고령자 통계.

통계청(2018). 2018년 고령자 통계.

통계청(2018). 2018년 혼인·이혼통계.

한국보건사회연구원(2014). 노인실태조사.

한국보건사회연구원(2017). 노인실태조사.

행정안전부(2017). 65세 이상 인구 7,257,288명으로 전체 인구의 14.0% 차지.

Sadler, W. (2015). **서드 에이지, 마흔 이후 30년: 마흔 이후, 인생의 2차 성장을 위한 여섯 가지 원칙**. (김경숙 역). 서울: 사이.

네이버 국어사전(2019. 7. 17. 인출). 황혼이혼. https://ko.dict.naver.com/#/userEntry/koko/4858ea03ec22487e7254d4a3b63895d5

네이버 백과사전(2019. 7. 17. 인출). 지천명. https://terms.naver.com/entry.nhn?docId=1218866&cid=40942&categoryId=32179

경향신문(2017. 1. 21. 인출). 2017년 인구절벽보고서 '한국 지방 40%는 이미 붕괴되었다.'

중앙일보(2017. 9. 3. 인출). 65세 이상 첫 인구 14% 넘어, 한국 '고령사회' 첫 공식 진입.

헬스조선(2015. 10. 7.). 88세 김동길 교수 '팔팔한 노년'의 비밀.

'노년'과 '노인'담론의 문화적 특징과 의미*

홍석준

"사람들이 노인이라는 개념을 신체적으로 부자유스럽고 가난하며 불쌍한 존재로 보며 (약간의) 혐오의 대상에 포함시키고 있다. 그것은 노인을 효용성이 떨어진 존재로 보기 때문이다."

– 『키케로의 노년에 대하여』(2015) 중에서

---

* 이 글은 김희경(2014)의 「노년에 대한 인류학 연구의 이론적 정향 검토」를 저본으로 하여 그 내용을 요약 · 정리한 후, 이를 바탕으로 전체 내용을 수정 · 보완하여 재구성한 것임을 밝혀둔다. 필자는 김희경(2014)의 논지와 주장에 기본적으로 동의하는 입장이다. 이러한 관점과 입장에 입각하여 이 글을 작성하였다.

머리말

한국은 세계에서 가장 빠르게 '나이 든 사람', 즉 노인인구의 비중이 늘고 있는 나라다. 이미 노인인구 비중이 14%인 고령사회에 접어들었고, 2026년에는 20%를 넘어 고령사회를 지나 초고령사회에 진입할 것으로 예상된다. 2050년에는 35%에 이르러, 노인인구 비율이 일본에 이어 세계에서 두 번째로 높은 나라가 될 전망이다 (박홍순, 2018: 4).

한국에서 '인구 문제'에 대한 관심이 늘어나기 시작한 것은 2005년 출생률이 세계 최저인 1.08을 기록하면서부터라고 할 수 있다. 당시에 저출산 문제와 맞물려 고령화가 매우 빠르게 이루어지면서 한국사회에서 저출산, 고령화가 주요 사회 문제로 부상하였다.

이 글은 '노년'과 '노인' 관련 담론의 문화적 특징과 의미에 대해 알아보는 데 주안점을 둔다. 이를 위해 이른바 '노년' 및 '노인'을 일종의 '타문화(other culture)' 또는 '타자(the other)'로 간주하고(김희경, 2014: 131 참조), 타문화 또는 타자로서 '노년'과 '노인' 담론이 사회문화적으로 어떻게 구성되어 왔는지를 살펴보고자 한다.

'타문화'로서 '노년과 '노인'

'노년'과 '노인'은 일종의 '타문화(other culture)'로서, 이른바 '또 하나의 문화'로 간주될 수 있다. 이런 의미에서 '노년'과 '노인' 담론은 사회적 · 문화적 맥락에 따라 다른 특징과 의미를 지닐 수 있다고 할 수 있다.[1]

아프리카의 한 전통적인 부족사회의 맥락에서 노인의 삶의 상태를 개선시키는 기법은 주요 관심사가 아니다. 이런 사회에서는 '왜?'라는 질문이 중심적이기 때문에 한 개인으로서의 노인에게는 많은 주의를 기울이지 않는다. 노인들은 정상적인 생활 내에 평범한 방식으로 통합되어 있다. 특별한 의례나 의식 없이 사회적으로나 의학적으로 크게 주목받지 않고 숨겨지는 것도 아니다.[2]

근대 서구사회에서 늙은 몸과 정신에 의미를 부여하고 치료를 결정하는 과정은 현대 의학체계와 국가의 제도 안에서 일방적으로 이루어져 왔다. 이러한 결정은 통상적으로 생물학적 노화 자체에 초점이 맞춰진 '노년' 또는 '노인'의 정의와 분류법에 기초하고 있으며, '나이 듦'이라는 진단을 받은 이들은 교육, 노동 등 사회의 각 영역에서 배제되었다.

우리는 당연하고 본질적인 것으로 받아들이고 있었던 '노인' 또는 '노년'이라는 개념이 특수한 사회적 맥락 속에서 형성되었음을 인식해야 한다. 그렇게 함으로써 '나이 듦'이라는 개념의 균열과 해

---

1) 한 예로, 노인과 관련된 가장 중요한 이슈가 '왜?'라는 질문에 대한 답변과 밀접한 관련을 맺고 있는 아프리카의 한 부족사회의 사례를 들 수 있다. 인류학자 사이에서 이 부족민들은 노인 또는 노년과 관련된 문제에 대해 "왜 노인이 되었는가?" "왜 노인인가?"라는 질문에 대한 궁극적인 답을 찾고자 하는 것으로 널리 알려져 있다(출처: https://blog.naver.com/felicittas/221405006381 참조).

2) https://blog.naver.com/felicittas/221405006381(2019. 5. 9. 인출)

체를 모색해 볼 수 있기 때문이다.

의료나 재활, 복지만의 관점이 아닌 사회적 · 문화적 관점에서 '나이 듦'의 문제에 접근하는 '노년학'이라는 학문 분과가 대중에게도 소개되고 있다. '나이 듦'과 관련된 말들이 제대로 된 영향력을 갖기 어려운 현실에서, 현장과 이론의 접속을 도모하는 이 같은 시도는 '나이 듦'의 새로운 담론화 가능성을 보여 준다.

서구사회에서 '나이 듦'의 정의와 분류는 생물학적 · 의학적 · 의료적 · 질병적 · 재활적 · 복지적 관점에만 논의의 초점이 맞춰져 있다. 의료기관이 몸과 정신 상태에 '나이 듦' 혹은 '노화'라는 진단을 내리면 국가는 관련 제도와 정책에 의거하여 이에 합당한 재활과 복지 서비스를 제공해 왔다. 하지만 모든 사회에서 이러한 방식으로 '나이 듦' 또는 '노화'에 대한 진단을 내리는 것은 아니며, 같은 정도로 '노화를 평가하는 것'도 아니다(김태우, 2012).

'나이 듦' 또는 '노화'에 대한 관심과 그에 따른 진단은 각 사회마다 다르게 나타난다. 노화 자체보다는 노화의 원인과 종류에 더 많은 관심을 두는 사회도 있다. '나이 듦'의 상태에 접어든 이가 특정한 금기를 어긴 일은 없는지, 누군가에게 원한을 맺히게 한 적은 없는지, 누군가로부터 저주를 받은 일은 없는지 등의 여부에 대해서 살핀다.

노화 자체보다는 노화의 원인과 종류에 더 많은 관심을 두는 사회에서 사람들은 공적인 자리에 나와 '나이 듦'의 원인에 대해 논의하고, 이에 알맞은 처우와 대접을 함께 모색한다. 이런 사회에서 사람들은 '나이 듦'에 대해 공적인 자리에서 말하기를 꺼려하거나, 그

과정을 권력에 전적으로 내맡기지 않는다.

많은 사회에서 노인은 '나이 들었다'는 이유만으로 공적인 영역에서 배제되지 않는다. 그들은 자신의 능력범위 안에서 생산노동에 참여할 수 있으며, 사교 모임이나 의례에도 참여할 수 있다. 모임이나 의례를 주관하는 경우도 많다. 그들이 사회에 잘 통합될 수 있도록 돕는 것은 가족과 지역공동체의 의무다.

한 사회 안에서도 '나이 듦'의 의미가 고정되어 있지 않고, 끊임없이 변화해 간다. 자본주의적 경제체계로 변화되어 감에 따라 노인들의 노동 참여가 이전보다 축소되기도 하고, 유사한 정도의 노화라 할지라도 젠더별로 부여되는 규범과 기대치에 따라 노화의 정도와 그에 대한 평가가 달라지기도 한다.

한국 사회에서 '나이 듦'은 무시당하거나, 재현되거나, 정치적으로 이용되고, 노인들은 몸과 정신이 약간 미약하거나 부족한 자, 괴짜, 무능력자, 소수자 등으로 평가절하된 지위를 점하고 있다.

노인이 스스로를 어떻게 생각하든지 그들은 사회에 의해 부정적인 정체성을 부여받으며, 그들의 사회생활 중 많은 부분은 이처럼 부여된 부정적 이미지와의 투쟁이 된다. 우리가 노인들을 낙인찍은 것을 '나이 듦'이나 '노년' 또는 '노인'의 실체보다 부산물에 가깝다고 말할 수 있는 것은 이러한 이유 때문이다. 어떤 사람이 사회에 완전히 참여하는 데 있어 가장 큰 장애물은 그의 신체적 · 정신적 부족이나 결함이 아니라, 오히려 사회가 그러한 부족이나 결함에 덧붙인 일련의 신화, 공포, 오해들이다.

또한 노인의 정체성은 다양한 정치적 목적에 따라 협상되기도 한다. 노인의 정체성은 다양한 정치적 목적과 수사 속에서 구성되는 것이며, 얼마든지 다른 정체성으로 협상되고 변화될 수 있다.

우리에게 익숙한 관점이나 시각, 상황 판단에서 벗어나 문제를 새롭게 바라보기 위해서는 다른 문화의 사례와 양상, 의미 등을 참조할 필요가 있다. 노화는 어떤 사회에는 노화 자체의 보편적인 범주가 아예 존재하지 않는다.

특정한 노인이 모든 사회에서 배제되고 억압받는 것은 아니며, 이들의 정체성은 한 사회의 역사적이고 사회문화적인 맥락에 따라 다르게 구성될 수도 있다. 노년 또는 노인에 대한 문화인류학적 접근방식은 이처럼 각 사회에 처한 맥락 속에서 다르게 구성되는 '나이 듦'의 사례를 보여 줌으로써, 노화에 차별적인 우리 사회가 지금과는 다른 모습으로 변화하고 재구성될 수도 있다는 가능성을 알려 준다(정진웅, 2000: 304-313).

'나이 듦'의 의미에 한발 더 가까이 다가가는 동시에, 차이가 차별로 구성되지 않는 '나이 듦'에 대한 부정적 시선과 평가절하된 일반적인 인식을 뒤집는 세상을 상상해 보는 기회를 마련해 볼 수 있을 것이다.

이제 '나이 듦'='늙어 감'을 넘어 '나이 듦'이라는 보편적 범주의 철폐를 진지하게 고민해 볼 때다. 이를 통해 '나이 듦'='익어 감'의 공식을 만들어 갈 때이기도 하다.[3)]

미국에서 '노년' 또는 '노인'에 대한 연구가 본격적으로 이루어진

3) https://blog.naver.com/felicittas/221405006381(2019. 5. 19. 인출)

초창기에는 주로 은퇴촌, 노인복지시설, 원룸 호텔 등과 같은, 이른바 노인 커뮤니티에 대한 관심에 집중되었다. 이러한 연구는 노인 커뮤니티 내에서 노인의 목소리와 그들이 자신만의 방식으로 네트워크를 구축해 나가는 방식에 대한 연구로 이어졌다(정진웅, 2000).

하지만 김희경(2014)은 이러한 연구가 '노인들'이 어떻게 살아가고 있는지에 대한 사례 수집과 정리에만 머물렀기 때문에 체계적인 이론틀을 발전시키지 못했다는 한계가 있다고 지적하였다. 실제로 주로 노인복지시설에서 생활하는 '노인스러운 노인들'에게만 말을 걸어 그들의 의미세계를 보여 주는 데 그치고 있어 전체 사회구조 내에서 노인의 위치를 규정하거나 노인의 위상을 파악하기가 쉽지 않았던 것 역시 부인하기 힘든 사실이다(김희경, 2014: 132-133, 143-144).[4]

'노년'과 '노인'의 사회문화적 구성

서구 의학에서 노년의 문제를 다루기 시작하면서 '노화를 피할 수 없는 쇠퇴, 질환 그리고 비가역적인 퇴화의 과정으로서 부정적으로 바라보는 경향이 촉진'되고 있음을 지적하는 등, 서구 의학적 시선(gaze)으로 노년의 문제를 바라보는 관점의 한계에 대한 비판

4) 또한 '나이 든 사람'을 '노인'이라는 하나의 문제적이고 균질한 집단으로 규정함으로써 그렇게 상상하고 재현하도록 만들기도 했다(김희경, 2014: 133).

과 더불어 노화와 건강의 문화적 맥락에 대한 관심과 논의가 활성화되었다.

급성질환 치료 위주로 발달한 서구 의학 모델은 만성질환을 앓고 있는 노인의 문제를 제대로 해결해 주지 못한다. 서구의 의학 모델은 기본적으로 급성질환을 치료하고자 하는 정향이 강하기 때문에 노인 요양원이나 요양병원에 장기간 머무르는 노인들이 호소하는 문제에 제대로 대응하지 못한다.[5]

하지만 '노화는 전문가가 개입하여 관리해야 할 문제'라는 전제하에서 출발한 서구의 안티에이징 의학(anti-aging medicine)은 더욱더 확산 · 발전되고 있다. 노화 현상은 개인적으로나 사회적으로도 고통스럽고 많은 비용이 소요되기 때문에 더욱더 많은 연구가 이루어져야 한다는 논리로 이 분야의 활성화를 기대하고 있으며, 이 과정에서 '나이 든 몸'을 평가절하하는 '연령차별주의'는 더욱 강화되고 있는 것이 부인하기 힘든 현실이다. 나아가 노년이 어떻게 구성되고 있는가에 주목한 연구들은 '노화 사업(aging enterprise)'의 장에 뛰어든 의사, 정치가, 기업가, 공무원 등 다양한 행위자와 노인의 역동적 관계를 제대로 파악하지 못하고 있다.

이미 고령인구를 사회 문제로 규정하고 관리하는 것이 통치의 주요 목표가 된 지 오래다. 하지만 그럼에도 이는 단순히 노년에 대

5) 또한, 의료전문가는 치료자의 입장만을 강조하여 노인 환자들의 해석이나 통찰을 중요하게 취급하지 않고 있다. 실제로 의료 현장에서 의사들이 노년기의 건강 문제를 해결하기 위해 의학지식을 적용하는 과정에서 딜레마를 느끼는 이유도 바로 이러한 맥락에서 발생하는 것이다. 결국 일부 의료진은 노인 환자들에게 "늙어서 그렇다."라는 이유를 들며 사실상 진료 자체를 거부하기도 한다.

한 통제가 확산되는 것만을 의미하는 것은 아니다. 그것은 오히려 인구가 통치의 최종 목표로 등장하면서 인구의 조건을 개선하고, 인구의 경제적 부, 수명, 건강 등을 증진시키는 일이 통치의 주요 목표가 되고 있는 것이다. 그야말로 생명의 건강, 장수, 행복, 생산성을 증진시키기 위한 관심과 논의가 그 어느 때보다도 중시되고 있는 시점이다.

따라서 노인을 정치경제적 구조와 이데올로기, 서구 의학 담론의 희생양 혹은 '통치의 대상(the governed)'으로만 바라보면, 인구가 통치의 최종 목표로 등장하는 이러한 상황이 인간의 삶에 미치는 영향을 파악하기 어려워진다. 또한 노인들이 일방적으로 담론의 영향을 받는 것처럼 기술하면, 정작 노인들은 이러한 담론을 어떻게 해석하고 대응하고 있는지 제대로 보여 주지 못한다.

노인은 단순히 노화의 대상이나 희생자가 아니라 노화의 과정을 늦추거나 만성적인 건강 문제를 해결하기 위해 다양한 시도를 적극적으로 행하고 있는 주체이기도 하다. 이런 의미에서 노인의 몸은 오직 담론과 권력이 행사되는 장소가 아니라, 노화라는 실질적인 문제를 경험하는 물질적 실체이자, 다양한 실천을 촉발시키는 원천이기도 한 것이다.

맺음말에 대신하여

이상의 논의와 고찰을 통해 '노년'과 '노인' 담론의 문화적 특징과 의미에 대해 비판적으로 검토하였다.

현대의학의 '노년'과 '노인'에 대한 담론은 의료 앞에 나약하고 불편하며 무용한 존재로 규정되는 노년을 탄생시킨다. 환자가 자기 몸에서 느끼는 증상은 이제 현대의학의 물질적 측면 강조에 의해 권력과 지식, 서사 그리고 권력을 담보한 지식, 즉 담론의 특징과 의미를 상실하도록 만든다. 병원에서의 진단이 환자의 '주관적인' 증상 표현보다도, 소위 '객관적인' 첨단 진단 장비에 의한 생체물질 측정을 통해 진행되면서 노년은 자신의 몸에 대한 권력을 행사할 수 없게 되었다. 몸은 자신의 몸이지만 몸에 대한 지식과 담론은 현대의학이 가지게 됨으로써 환자는 자신의 몸에 대한 권위와 통제력을 상실하게 된 것이다.

여기서 중요한 문제는 노년이라는 존재를 떠난 몸에 대한 권위가 의료를 선택하는 선택권을 박탈하는 상황을 연출한다는 것이다. 즉, 노년 자신보다는 노년의 몸에 대한 지식을 소유한 현대의학에 의해 의료선택이 결정되는 결과가 야기된다. 이러한 의료선택의 문제는 죽음과 가까이 있는 노년의 몸의 경우에 더욱더 선택의 범위를 축소하는 결과를 초래하며, 병원의 제안을 따를 수밖에 없는 상황을 연출하는 결과를 야기시킨다(김태우, 2012: 20 참조).

1970년대부터 현재까지 노년과 노인 문화에 대한 관심과 논의는 노인들의 커뮤니티, 사회적 네트워크, 노인 정체성 등을 비롯하여 노년과 노인의 사회문화적 맥락에 대한 관심과 논의로 이어졌다(김태우, 2012; 김희경, 2014; 박홍순, 2018; 정진웅, 2000, 2014). 그 결과, 노화의 경험은 사회문화적 맥락에 따라 매우 다양하고 다층적으로 나타나고 있다는 사실을 확인하였다.

고령화가 진전되고 있는 현대사회에서는 '나이 든 사람'을 '노인' 또는 '고령인구'라는 하나의 집단으로 바라보는 인구학적 관점이 널리 확산되었으며, 고령인구에 소요되는 사회적 비용을 통제하기 위해 그 어느 시대보다도 노인인구에 대한 국가 및 전문가의 개입이 활발하게 이루어졌다(김희경, 2014: 144). 따라서 노년에 대한 관심과 논의를 노인 자체에만 초점을 맞추는 연구로는 근본적인 한계가 있다. 노인들의 목소리에 귀를 기울이는 것은 여전히 중요하지만, "누가 노인인가?" "노인은 어떠해야 하는가?"와 같은 질문에 답을 시도하고 있는 주체적 행위능력(agency)을 갖춘 다양한 행위자(agents)와의 관계 속에서 노인의 위치를 상황화 또는 맥락화(contexualization)하는 작업이 필요하다. 이는 '노년'과 '노인'의 사회문화적 구성과도 밀접한 관련이 있다.

이런 점에서 노년의 역사적 구성과 노인의 사회문화적 구성에 관한 향후 연구에서는 노인들의 건강, 장수, 죽음이 사회적 관심으로 부상하고 있는 현재 상황이 인간의 삶에 미친 영향을 사회문화적 맥락 내에서뿐만 아니라 정치경제적 조건하에서도 보다 광범위하고 심도 있게 파악하는 학술적 · 실천적 작업이 보다 더 중대한 의미를 띨 것으로 기대된다.

마지막으로, 고령화는 정책담론이나 위기담론의 수준에서만 논의할 문제가 아니다. 노년에 대한 사회적 관심이 어떠한 문화적 맥락에서 급증하고 또 왜 그런 것인지, 그리고 의학지식이 죽음의 방식과 시기, 더 나아가 인간다움에 대한 정의를 어떻게 형성 · 변화시키고 있는지에 주목해야 한다(김희경, 2014: 144-145). 나아가 고령사회에 살면서 얻게 된 통찰을 기반으로 노인들이 자신들의 서사와 담론을 다시 어떻게 변화시키고, 이러한 일련의 양상이 특정의 문화 지형에서 어떻게 나타나고 있으며, 그 의미는 무엇인지에 대해서도 비판적으로 검토할 필요가 있다.

이러한 상황에서 '반연령주의적 문화 실천으로서의 노년 연구'(정진웅, 2014)가 요구된다. 이를 위해선 노년의 삶의 구체적 맥락에 작동하는 다양한 이데올로기와 구조적 힘들이 어떻게 노년의 위치와 위상을 구성하고 노년의 경험을 재생산하는지를 살피는 연구가 필요하다. 또한 노년 스스로 행위와 담론의 주체로서 그런 현실에 어떻게 대응하는지를 살피고, 어떠한 담론을 생산, 유통, 소비하는지를 탐색하는 연구가 요구된다. 역설적으로 "노년 연구의 궁극적 책무는 연령주의 이데올로기에 맞서 나이란 그 자체로는 숫자에 불과한 거의 무의미한 변수라는 사실을 드러냄으로써 문화적으로 타자화된 노년이라는 범주와 노년학의 학문적 경계 자체를 완화시키는 것"(정진웅, 2014: 452)이라는 점을 강조할 필요가 있다.

결론적으로, 노인들은 단지 효율성이라는 잣대로 규정될 수 있는 사회문화적으로 불편한 존재이거나 약자, 희생자, 사회적 차별과 배제 또는 통치(성)의 대상이 아니다(강미라, 2013; Foucault, 2011; Gordon et al., 2014). 그들은 '노년'과 '노인' 담론의 생산과 교환, 분배, 유통, 이용, 소비의 경제과정을 주도하는 주체적 행위능력(agency)을 보유한 사람(agent)이라는 사실을 잊지 말아야 할 것이다(김희경, 2014: 145).

참고문헌

강미라(2013). **미셸 푸코의 『안전, 영토, 인구』 읽기**. 서울: 세창미디어.

김태우(2012). 노년에 대한 현대의학의 개입: 문화인류학이 바라본 당대의 노년. **서양사론, 114**, 5-24.

김희경(2014). 노년에 대한 인류학 연구의 이론적 정향 검토. **한국문화인류학, 47**(3), 129-159.

박홍순(2018). **나이 든 채로 산다는 것**. 서울: 웨일북.

정진웅(2000). 노년의 정체성 지속을 위한 한 은퇴촌 주민들의 노력. **한국문화인류학, 33**(2), 301-329.

정진웅(2014). 반연령주의적 문화 실천으로서의 노년 연구: 고령화시대의 노년 연구에 관한 제언. **보건사회연구, 34**(3), 452-476.

Cicero, M. T. (2015). **키케로의 노년에 대하여**(정영훈 편역). 서울: 소울메이트.

Foucault, M. (2011). **안전, 영토, 인구 콜레주드프랑스 강의 1977~78년**. (오트르망, 심세광, 전혜리, 조성은 공역). 서울: 난장.

Gordon, C., Burchell, G., & Miller, P. (2014). **푸코 효과: 통치성에 관한 연구**. (이승철, 심성보, 이규원, 유진, 전의령, 최영찬 공역). 서울: 난장.

한국음악심리치료협회(2019. 5. 7.). https://blog.naver.com/felicittas/221405006381

노인의 가치와 나이 듦의 의미
노인을 위한 나라는 없다?

홍석준

"노인을 위한 나라는 없다."

–영화 〈노인을 위한 나라는 없다〉(2007)

안티에이징=문화?

최근에 안티에이징(anti aging)이란 말이 크게 유행하고 있다. 이 단어는 화장품이나 건강식품, 대체의학, 의료산업 등에서 매우 활발하고 흔하게 사용된다. 보통 인간이라면 누구나 더 젊어지고 더 오랫동안 젊음을 유지하고픈 욕망을 지니고 있다. 더 이상 늙지 않고 싶은 것이 인간의 본성이라는 말도 있다. 더 젊어지고 더 늙지 않도록 의료 분야의 획기적인 발전이 이루어지고 있는 것도 사실이다. 하지만 넘쳐나는 건강정보와 지식의 홍수 속에서 소비자들이 혼란을 겪고 있는 것 또한 부인하기 힘들다.

몇 년 전에 필립스 코리아라는 화장품 회사가 출시한 '필립스 비자퓨어 어드밴스드'라는 제품은 광채 클렌징과 탄력 마사지, 생기 부스팅과 같은 안티 에이징을 위한 세 가지 셀프 스킨케어 기능을 하나에 담은 것이다(이데일리, 2016).

이처럼 안티에이징을 내세우는 건강기능식품과 기능성 화장품 등을 원하는 소비자들이 급증하고 있다. 2018년 6월 11일 '올해 상반기 주문수량 상위 10개 제품 분석 결과'를 발표한 롯데홈쇼핑의 보고에 따르면, 1위는 AHC의 기능성 화장품 세트가 차지했으며, 3위는 이경제 녹용의 건강식품이 차지하는 등 안티에이징 관련 소비가 크게 증가했다. 롯데홈쇼핑 측은 전체 고객 중 기능성 화장품과 건강보조식품 구매층은 40~50대 여성 고객이며, 백화점 측은 "'영포티(young forty)' '영피프티(young fifty)' 등 건강한 삶을 즐기고 젊게 살고자 하는 안티에이징과 관련된 소비심리가 반영된 것으로 보인다."라고 밝혔다.[1]

이러한 현상은 GS홈쇼핑, CJ오쇼핑 등 국내 홈쇼핑 업계에서도 비슷한 양상으로 나타났다. GS홈쇼핑의 경우 에센스커버팩트인 에이지투웨니스 화장품이 1위에 올랐으며, 탈모 예방기능이 강조된 TS샴푸가 3위를 차지했다. 아울러 AHC의 화장품은 7위에 올

---

1) https://blog.naver.com/speconom(2019. 5. 9. 인출)

랐다. CJ오쇼핑의 경우 AHC의 화장품이 3위, 아티스트 태양의 고데기 세트가 4위, TS샴푸가 10위에 오른 것으로 집계됐다. 이와 관련해 CJ오쇼핑 관계자는 "TS샴푸의 경우 남성 고객의 주문 비중이 17%에 달했다."며 "고데기를 주문한 남성 고객 역시 전년 동기 대비 40%가량 증가했는데 이 중 50대 남성이 30% 비중을 차지했다."라고 밝혔다(스페셜경제, 2018).

안티에이징 이외에 러브에이징(Love Aging)이라는 용어도 있다. 이 용어는 보험회사의 광고 문구에서 사용되었다. 노년과 노후를 제대로 준비하고 대비하기 위해 개인연금에 가입하라는 내용을 강조하기 위해 사용된 단어다. 이 용어를 에이징을 이용한 상술에 동원한 것이다.

에이징=자연?

> "죽음을 무시할 수 있는 까닭에 노인은 젊은이보다 더 대담하고 용감해지네. ……(중략)…… 대체 무얼 믿고 자기에게 그토록 대담하게 반대하느냐고 참주가 묻자 솔론은 '노년을 믿고'라고 대답했다고 하네."
>
> –『키케로의 노년에 대하여』(2015)

정부와 노인과 노년 관련 학문 분야의 전문가들이 즐겨 사용하는 용어 중에 엑티브에이징(Active Aging)이라는 단어가 있다. 노년을 부담스럽고 힘들게 받아들이지 말고 좀 더 즐겁고 생산적으로 활발하게 긍정적인 태도로 바라보자는 매우 적극적이고 도전적인 단어다. 이로 인해 많은 정책이 만들어지고 사회복지제도가 마련되는 등 노인복지체계의 근간을 이루는 단어이기도 하다. 평생교육제도와 노인일자리, 복지관 프로그램 등 현실적으로 노년기에 필요한 사회적 서비스가 실천되고 있다는 점에서 생산적이고 유의미한 학술용어 중 하나다(김선희, 2018).

액티브에이징이라는 용어가 어울리는 개념으로 은퇴촌을 들 수 있다. 은퇴촌이나 꾸준한 모임을 통한 더 나은 노인복지를 지향하는 서구국가의 경우를 보면, 은퇴촌의 사례는 긍정적인 노인의 삶을 보여 주는 듯하다. 하지만 한국의 현실은 이와 다르며, 은퇴촌이 근본적인 해결책이 되는 것도 아니다. 은퇴촌 노인들의 실상을 들여다보면 안타깝기 그지없다. 은퇴촌의 노인들이 늙어 가는 자체를 외면하고 젊음으로 포장하며 젊음을 연장하고 늙음을 미루려는 무모하고 헛된 노력을 기울이는 경우가 많다.

서구적인 노인복지와는 다른 한국의 실정에 맞는 노인복지 개념과 체계의 수립과 운영이 무엇보다도 필요한 시점이다. 소위 액티브에이징 개념의 한국적 상황에 맞는 발굴과 실천이 시급히 요구된다고 하겠다.

안티에이징, 러브에이징, 액티브에이징과 같은 개념 설정의 기저에는 에이징을 부정적으로 바라보는 시각이 깔려 있다. 이는 에이징을 극복하고 대처해야 하는 대상이고 준비해야 한다는 입장에서 여러 가지 형용사나 단어를 동원하여 에이징을 수사하고 현실에 반영하는 것을 통해서도 알 수 있다.

이때 에이징은 노년이나 노인을 직접 연상시키는 용어나 수사학이 되고 만다. 오늘날 일반인에게 노인이란 신체적으로 부자유스럽고 가난하며 불쌍한 존재이며, 다소 혐오의 대상으로 인식된다. 그 이유는 노인이 현대사회에서 효용성이 떨어지기 때문이다. 현대사회에서 젊은이들에게 노인의 삶은 수년간 그들을 모시고 살아야 하는 부담으로 비춰지기 때문이다.

한국의 65세 이상 고령자 인구는 638만 6천 명(12.7%)이다. 전체 가구 가운데 65세 이상 고령자가 가구주인 고령가구는 370만 3천 가구로 전체 가구(1,845만 8천)의 20.1%다. 2030년에는 1,269만 1천 명(24.3%), 2060년에는 1,762만 2천 명(40.1%)으로 급격히 늘어날 전망이다.

OECD 조사에 따르면, 한국의 노인빈곤율은 2011년 기준 48.6%로 OECD 국가 평균 12.8%(2010년)의 4배에 달한다. 2013년 65세 이상 고령자 가운데 자살에 의한 사망률은 인구 10만 명 당 64.2명로 OECD 국가 가운데 가장 높다.

이와 같은 비극적 현실을 목전에 두고 있다면, 우리 사회는 이제 전향적으로 노인 개념의 전복과 의미의 전환을 시도할 필요가 있다. 노인을 바라보는 시각을 부정적 · 비관적 · 염세적 관점이 아니라 긍정적 · 낙관적 · 낙천적 관점으로 전환해야 할 때다.

나이는 한 살씩 먹는데, 노년은 느닷없이 찾아온다. 한 번 핀 꽃은 언젠가 시들고, 아침이 밝으면 밤이 기다린다는 것을 모르는 사람은 없지만, 어쩐지 노년이란 '인간'의 운명일 뿐 '나'의 운명 같지는 않다.

이렇듯 아직 살아보지 않은 노년은 '나'의 운명을 벗어난 두려움과 슬픔의 안개 속에 있는 미지의 세계다. 하지만 노년이 불쑥, 어깨를 붙들어도 놀라지 않고 '살아볼 만한 삶'으로 여기며 살아가기 위해선 무엇이 필요한 것일까? 노년의 삶을 바라보는 웅숭깊은 시선이 필요할 것이다(박홍순, 2016).

하지만 "언제든지 죽음이 끼어들어 삶이 중단될 수 있다고 절실하게 생각할 때 오늘은 더 이상 무수한 나날 가운데 하루가 아니다"(박홍순, 2016: 152). 그리고 이러한 인식과 실천은 나이 든 채로 살아갈 때 더욱 절실하게 깨달을 수 있는 것이다.

나이 듦=익어 감≠늙어 감

"우리는 늙어 가는 것이 아니라 조금씩 익어 가는 겁니다."

– 한국 가요, 노사연의 〈바램〉(2014)

영화 〈인턴(The Intern)〉(2015)에는 수십 년 직장생활에서 비롯된 노하우와 나이만큼 인생경험이 풍부한 70세의 인턴이 등장한다. 노인의 삶의 경험에서 나오는 지혜의 가치가 얼마나 대단한 것인지를 영화 속 이야기를 통해 잘 풀어내어 알려 준다.

한국 속담 중에 "노인의 말을 들으면 자다가도 떡이 생긴다."라는 말이 있다. 아프리카에는 "한 명의 노인이 사라지는 것은 큰 도서관이나 박물관이 불타는 것과 같다."라는 격언이 있고 덴마크에는 "집안에 노인이 없으면 이웃에서 빌려 오라."라는 속담이 있다.

전통적인 농경사회에서 노인의 경험이란 곧 삶을 안내하는 지혜다. 사회가 많이 변했지만, 노인이 가지고 있는 지식과 지혜의 중요성과 의미는 근본적으로 달라지지 않았다.

신화와 설화, 전설이나 민담과 같은 구전설화에는 노인의 가치와 나이 듦의 의미에 대한 깨달음을 주거나 노인에게 배우는 지혜의 중요성에 관한 이야기가 많이 존재한다. 이에 대해 좀 더 상세하게 알아보자.

아프리카에 전해지는 이야기 중 하나다. 옛날에 노인들을 모두 죽이라고 명령한 추장이 있었다. 노인들은 아무 쓸모가 없다는 이유에서였다. 백성들은 추장의 권력이 막강했기 때문에 할 수 없이 그의 명령에 복종해야만 했는데, 오직 한 사람만은 그 명령에 복종하지 않았다. 그는 나이 든 부모를 사람들의 눈에 띄지 않는 가축 방목장에 숨겼다.

어느 날 아침, 추장이 숨이 막혀 잠에서 깨보니 큰 뱀 한 마리가 목을 휘감고 있었다. 추장은 비명을 질렀으나 어느 누구도 그를 도울 수 없었다. 뱀을 다룬 경험이 있는 노인은 더 이상 살아 있지 않았기 때문에 젊은 사람들은 어떻게 해야 뱀을 떼어 놓을 수 있는지 알지 못했기 때문이다. 그러자 부모를 가축 방목장에 숨겼던 젊은이는 얼른 부모에게로 달려가 휘감은 뱀에게서 벗어나려면 어떻게 해야 하는지를 물어보았다. 아버지가 말했다.

"얘야, 우선 쥐 한 마리를 잡아서 그 쥐를 추장의 방에 넣어라. 네가 쥐를 풀어놓으면 어떻게 될지 알게 될 것이다!"

젊은이는 아버지께서 말씀하신 대로 했다. 그러자 뱀은 방 안에 들어온 쥐를 보자마자 쥐를 쫓아가기 위해 추장의 목에서 스르르 풀어지기 시작했다. 그러는 사이에 힘이 센 젊은이들이 뱀을 손도끼로 휘감아 밖으로 꺼내 쳐 죽였다. 추장은 놀란 가슴을 진정시킨 후에 이 방법을 알려 준 사람이 누구냐고 젊은이에게 물었다. 젊은이는 자신의 부모님이 살아 계시며 그 방법을 알려 주신 분도 바로 나이 든 부모님이라고 실토했다. 그러자 뜻밖의 진실을 듣게 된 추장은 조용히 생각에 잠겼다. 그리고 노인을 죽이라는 명령을 후회하고, 오히려 공경하도록 하였다고 한다(국민일보, 2019).

이 사례는 노인의 가치와 노년의 의미가 어떠한 것인지를 구전설화와 민담, 전설을 통해 잘 설명해 준다. 노인의 삶의 경험에서 나오는 지혜야말로 역사와 문화를 전승하는 가장 중요한 원동력임을 구전설화를 통해 잘 입증해 주는 사례라고 할 수 있다.

역사와 문화를 배우는 이유 중의 하나는 역사와 문화 현장에서 일어났던 수많은 사건에서 교훈을 얻기 위해서다. 노인에게서 얻을 수 있는 것은 지식뿐만이 아니다. 우리는 노인의 삶과 그들이 겪은 수많은 애환을 통해 지혜를 얻을 수 있다. "사람이 늙으면 어린아이로 돌아간다"는 말은 욕망이 사라진 노인의 삶에는 인생의 가치와 교훈이 담겨 있다는 의미를 담고 있다. 뿐만 아니라 노인들이 만들어 놓은 세상에 젊은이들이 새로운 문화를 덧붙이는 것이 바로 문화계승이고 문화전승이다. 노인의 경험은 그래서 중요하고 젊은이에게선 찾아볼 수 없는 고유하면서도 독자적인 가치와 의미를 지니는 것이다.

참고문헌

박홍순(2018). **나이 든 채로 산다는 것**. 서울: 웨일북.

Cicero, M. T. (2015). **키케로의 노년에 대하여**. (정영훈 편). 서울: 소울메이트.

국민일보(2001. 4. 3.). 노인의 지혜에 관한 예화. http://www.aumwy.com/data/index.html?mode=read&read_no=20&menu=1 (2019. 7. 21. 인출).

김선희(2018. 10. 1.). 이 가을에. 제민일보. http://www.jemin.com/news/articleView.html?idxno=541539

네이버 블로그(2019. 5. 9. 인출). https://blog.naver.com/speconom

노사연(2014). **바램**(김종환 작사, 작곡).

스페셜경제(2018. 6. 12.). 안티에이징 제품 · 건강보조제품 건강 · 뷰티 제품 수요↑, 젊은 삶 추구 영향? http://www.speconomy.com/news/articleView.html?idxno=115082 (2019. 7. 21. 인출).

영화 No Country for Old Men (2007).

영화 The Intern (2015).

이데일리(2016. 5. 17.). 3가지 마사지 기능을 하나로, 필립스 안티에이징 광고 본편 공개. http://www.edaily.co.kr/news/read?newsId=03772006612649904&mediaCodeNo=257&OutLnkChk=Y (2019. 7. 21. 인출).

장애체험에서 깨달은 것

노년기에 대한 재인식

비탄의 과정

웰 다잉

오십견(肩)에 대한 단상

삶의 완성을 향해

네가 부를 나의 이름은

2부

노년에 만나는 낯선 경험

장애체험에서 깨달은 것*

홍순혜

"병원에 언제 다시 올까요?" "안 보이면 오세요."

당황한 나는 담당의사가 나간 후 레지던트에게 물었다. "실핏줄이 터지면 어떻게 알 수 있지요?" "아마 사물이 뭉크처럼 보일걸요." 뭉크의 그림 〈절규〉[1]를 말하는 것일 게다. 맞다. 지난번에 문제가 생겼을 때 하루 내내 사람들이 뭉크 그림처럼 보였지. 얼마나 공포스러운 하루였던지.

---

* 여기 실린 글은 과거 한국일보 〈아침을 열며〉 칼럼란에 실렸던 필자의 글 중 오늘날의 독자들과 공유하여도 좋을 것이라 생각되는 노인 관련 글을 선정하여 오늘날의 상황에 맞게 통계치나 법령 등을 일부 수정한 것이다.

1) 노르웨이 화가 에드바르트 뭉크(Edvard Munch, 1863~1944)의 1893년 작품 〈절규(The Scream)〉. 이 그림에서 등장인물은 공포와 절망에 빠진 유령 같이 표현되어 있다.

뭉크도 망막 이상으로 〈절규〉와 같은 그림을 그린 것은 아닌지 의심한 적이 있다. 고흐가 말년에 그린 그림의 강렬한 사물의 경계선과 색채도 오랜 정신과 치료 이후 사물들이 그렇게 보였기 때문일 수 있다고 하지 않는가. 화가들이 그린 기울어진 의자, 비정상적으로 작은 책상, 이런 것들은 혹시 그들 눈에 정말로 그렇게 보였기 때문에 그렇게 그린 것은 아닐까.

오래전 학술대회 발표 때의 일이다. 파워포인트를 사용했는데 자료가 스크린에 뜨자 무대를 제외한 조명이 모두 꺼졌다. 객석의 관객이 전혀 보이지 않았다. 그때 나는 보지 못하는 공포를 처음으로 실감했다. 암흑 속에 혼자 고립된 것 같았다. 시간이 흐르자 조금 익숙해졌지만 상대를 보지 못한 채 허공을 향해 이야기해야 했던 경험은 아직도 두려움으로 남는다.

나는 황반변성이라는 질병을 가지고 있다. 서구에서는 노인 실명률 1위인 병이다. 이로 인해 두 눈 모두 사물을 정확히 보는 능력을 일부 상실했다. 직선이 곡선으로 보이고 사물의 크기에도 변화가 생겼다. 오른쪽 눈을 가리고 보면 왼쪽을 가린 것보다 현저히 작게 보인다. 날씬하다는 것이 더 정확할 것 같다. 한쪽은 뚱뚱하게 보이고 한쪽은 날씬해 보이고.

결과적으로 나는 사물의 정확한 크기를 알지 못한다. 아마 두 눈의 정보가 적절히 조합되어 절충된 중간 크기쯤으로 인식하지 않을까. 이런 변화를 통해 깨달은 것이 있다. 주관을 배제한 객관적 인식이라는 것은 존재하지 않는다는 사실이다. 육의 창(窓)인 눈도 사물을 달리 보이게 만드는데, 각자의 감정, 정서, 생각 등을 거쳐 나오는 우리의 인식이 결코 같을 수는 없다는 것이다.

이후 나는 선글라스 족조차 사랑하게 되었다. 무슨 폼이라고 흐린 날에도, 실내에서도 선글라스를 걸치고 다니는 아줌마들은 무언가? 연예인들은 알아보는 사람이 많으니까 사생활보호 차원에서 그렇다고 치고, 무대에 선 가수들은 그날 콘셉트를 위한 코디의 일부라고 치자. 하지만 이제 나는 이들이 망막에 손상을 입었거나, 백내장끼가 있거나, 라식 수술을 잘못해 눈부심이 있거나, 쌍꺼풀 수술을 했거나……. 그런 사람들일 거라고 변호해 줄 수 있다. 사계절 전천후 선글라스 애용자가 된 나는 어떤 이유에서건 선글라스 쓴 사람들을 사랑한다.

두세 시간 색깔을 잃어버린 적도 있다. 그 묘한 기분은 당사자가 아니면 이해하기 힘들다. 연두색에 가까운 짙은 노란색이 미색에 가깝게 희석되어 보였다. 나는 이제 연두색 일반버스 옆에 쓰인 Green이라는 의미의 'G'가 결코 디자이너의 우매한 결정이나 지나친 배려가 아니라는 것을 안다. 한국 남성의 약 5%가 붉은색과 녹색을 구별하기 힘든 색각 이상이라는 사실을 안다면, 버스 위의 B · G · R · Y와 같은 정보는 불필요하게 느껴지지 않는다.

우리가 가진 것이 너무나 일상적이고 당연한 것일 경우 그것을 잃기 전에는 소중함을 알기 어렵다. 지난 11월 11일은 '눈의 날'이었다. 4일은 시각장애인들이 점자를 사용하게 된 것을 기념하는 '점자의 날'이었다. 이번 주말은 컴퓨터와 게임기를 끄고 각자의 눈에 휴식을 선사했으면 좋겠다. 눈 건강을 생각하면서 우리 주변이 보지 못하는 이들과 함께 할 수 있는 '착한' 환경인지, 그리고 우리의 편견이 그들에게 높은 벽이 되지는 않는지 잠깐이라도 생각해 보았으면 좋겠다.

노년기에 대한 재인식*

홍순혜

어렸을 때 즐겨 부르던 동요 중에 '자전거'가 있다. "따르릉, 따르릉, 비켜나세요. 자전거가 나갑니다, 따르르르릉. 저기 가는 저 노인 꼬부랑 노인, 우물쭈물하다가는 큰일 납니다." 요즈음 가사에는 연령차별적 색채가 없어졌지만 적어도 내가 어렸을 때는 이렇게 불렀다. 자전거 경적소리에 어찌할 바를 모르고 허둥대는 허리 굽은 굼뜬 노인네, 이것이 내 어릴 적 노인의 모습이다.

세상이 많이 바뀌었다. 80대에 오토바이를 몰면서 젊음을 과시

* 여기 실린 글은 과거 한국일보 〈아침을 열며〉 칼럼란에 실렸던 필자의 글 중 오늘날의 독자들과 공유하여도 좋을 것이라 생각되는 노인 관련 글을 선정하여 오늘날의 상황에 맞게 통계치나 법령 등을 일부 수정한 것이다.

하는 어르신이 있는가 하면, 70대 대통령도 있다. "난 벌써 백 살인데……, 이백 살까지 살라고 해야지."라고 하는 TV 광고 속 어르신처럼 건강하게 백 살을 넘기는 분도 있다. 시몬 드 보부아르(Simone de Beauvoir)가 『노년(La Vieillesse)』[1]의 서문에서 언급한 금지된 주제 '늙음' '노년'은 이제 그 자체에 대한 부정을 넘어 어떤 노년, 어떤 늙음이냐로 관심이 옮겨졌다.

노인과 관련된 가장 큰 이슈는 그 수가 엄청나게 빠른 속도로 증가하고 있다는 것이다. 통계청 발표에 의하면 2018년 65세 이상 인구는 738만 1천 명으로 전체 인구 중 14.3%를 차지했다. 2018년을 기점으로 '고령사회'에 진입했으며, 2026년에는 '초고령사회'에 진입할 것으로 전망하고 있다. 이 증가는 가히 초고속이다.

평균수명이 늘어나면서 극명해지는 사실은, 노인은 동질집단이 아니라는 점이다. 아동 · 청소년기가 20년, 청장년기가 20년, 중년기가 20년인 반면 현존하는 최고령을 110세로 보면 노년기는 최장 50여년이다. 어떻게 50여 년의 인생주기가 같을 수 있겠는가? 때문에 외국에서는 노인을 65~75세의 '초(初)고령(young old)', 76~85세의 '중(中)고령(middle old)', 86세 이상을 '고(高)고령(old old)'으로 세분화하고 있다.

1) 프랑스의 실존주의 소설가이자 사상가인 보부아르(1908~1986)가 1969년에 발표한 저서. 우리나라에도 번역본이 출간된 바 있다.

초(初)고령자는 중년기 삶을 그대로 유지하고 싶을 수도 있고, 고(高)고령자는 사회와의 분리를 더 자연스럽게 수용할지도 모른다. 또한 노화는 노년기 공통 현상이지만 개인의 유전적 소인, 과거 생활사에 따라 개인차가 상당히 크다. 따라서 50년 세월 속에 펼쳐져 있는 이 시대의 노인들은 신체적 · 정신적 건강, 사회적 역할, 개인적 욕구 면에서 서로 상이할 수밖에 없다.

하지만 정부는 노인 문제 해결에 있어 노인집단이 갖는 이질성에 적절히 대처하지 못하고 있다. OECD 국가 중 가장 빠른 정년은 개인의 노화 정도나 욕구와 무관하게 60세 이상 대다수를 노동 현장에서 내몰고 있다. 특히 요즈음 같은 저성장 청년실업 가중시대에서 이런 현상은 더욱더 당연히 여겨지고 있다. 취약한 연금보장 정책은 어르신의 삶의 자유를 제한하고 원치 않는 가족의존을 강요하고 있다. 주거 형태의 다양성 부족 또한 노년기 삶의 방식을 획일화시키고 있다.

청년기나 장년기 20년이 노년기 20년보다 더 가치 있다고 누가 이야기할 수 있겠는가? 노년기는 덤으로 사는 시간이 아니라 처음부터 계획했던 목표지점을 향해 걸어가는 여정의 한 구간이다. 그 매 구간이 모두 소중하고 가치 있다. 이런 사실을 노인과 국민 모두가 인식할 때 비로소 노인의 삶은 향상될 수 있을 것이다.

우리는 노인에게 다양한 선택 기회를 제공하고 차별로부터 보호해야 할 것이다. 그들이 상황과 욕구에 따라 누구와 살지, 어디서 살지, 언제까지 일할지, 무엇을 하며 지낼지 선택할 수 있어야 할 것이다. 이는 인간의 기본권 이야기다. "우리가 노인에게 설정하는 오늘의 조건이 바로 내일의 우리 조건"이라는 보부아르의 명철함을 우리도 가질 수 있다면 노인들의 인간다운 삶을 우리가 감히 거부할 수는 없을 것이다.

참고문헌

Beauvoir, S. (2002). **노년: 나이 듦의 의미와 그 위대함**. (홍상희, 박혜영 공역). 서울: 책세상.

비탄의 과정*

홍순혜

셰익스피어(William Shakespeare)는 "죽음을 제외하고 아무 것도 우리 것이라 부를 수 없다."[1]라고 했지만, 우리는 죽음이 우리의 일부라는 사실을 부정하려고 한다. 죽음은 생각하기 싫은 주제이며 가능하다면 비껴가고 싶은 운명이다. 하지만 죽음의 손님은 누구에게나 어김없이 찾아온다. 어떤 이에게는 곁에 늘 있던 오랜 동무처럼, 다른 이에게는 낯선 이방인의 모습으로 찾아온다.

* 여기 실린 글은 과거 한국일보 〈아침을 열며〉 칼럼란에 실렸던 필자의 글 중 오늘날의 독자들과 공유하여도 좋을 것이라 생각되는 노인 관련 글을 선정하여 오늘날의 상황에 맞게 통계치나 법령 등을 일부 수정한 것이다.

1) 영국의 극작가 윌리엄 셰익스피어(William Shakespeare)의 1595년(추정) 작품 〈리처드 2세(Richard Ⅱ)〉 3막 2장에 나오는 대사. "Nothing can we call our own but death……."

누군가 죽었을 때 가장 큰 충격과 슬픔을 경험하는 것은 가족들일 것이다. 보통 죽음을 맞는 가족들은 임종부터 장례기간 사이 많이 울지만 죽음에 대한 실존적 체험은 공식적이고 복잡한 절차가 다 끝난 후 가족들만이 남겨졌을 때 본격적으로 시작된다.

스위스 태생 정신과 의사 엘리자베스 퀴블러 로스(Elisabeth Kübler-Ross)는 죽음을 앞둔 환자들과의 면담을 통해 그들이 경험하는 상실에 대한 정서적 반응과정을 발견하였다. '비탄과정' 또는 '임종과정'이라 불리는 그녀의 모델을 다룬 저서 『죽음과 죽어감(On Death and Dying)』[2]은 오늘날 여러 나라에서 죽음을 앞둔 환자를 돌보는 의사, 간호사들의 필독서가 되고 있다. 그녀가 제시한 비탄과정은 5단계로 요약되는데, 사랑하는 남편이나 아내를 떠나보낸 배우자와 가족이 경험하는 비탄에도 적용되고 있다.

비탄의 첫 단계는 '부정'이다. 흔히 일시적으로 나타나는 방어기제다. '그럴 리가 없다'며 고인의 죽음을 인정하지 못하고 심지어는 아예 죽음을 인식하지 못하기도 한다. 익숙한 장소에서 고인을 찾거나 밥상을 차리는 등 고인이 아직 살아 있는 것처럼 행동하기도 한다. 다음은 '분노'단계다. "왜 나에게 이런 일이?"라며 화내고 절대자를 비난하기도 한다. 자신을 세상에 혼자 남겨 둔 고인을 원망

2) 『On Death and Dying』은 퀴블러 로스(Kübler-Ross, 1926~2004)에 의해 1969년 처음 발표되었으며 우리나라에도 번역본이 출간되어 있다.

하거나 의료진이나 주변 사람들을 탓하기도 한다. 세 번째 '타협'단계는 죽음 이후보다는 이전 시기, 즉 임종과정에서 자주 발견된다. 환자를 치유하거나 죽음을 막아달라며 절대자에게 빌고 매달린다. 그렇게만 된다면 "새 사람이 되겠다." "재산을 기부하겠다."라며 협상을 벌이기도 한다. 이런 바람이 현실화되지 않을 때, 가족은 좌절, 절망감, 무망감을 느끼는 '우울'단계에 들어가게 된다. 고인에 대한 죄책감이나 후회의 생각을 갖기도 한다. 고인뿐만 아니라 희망, 꿈, 미래가 상실됨을 슬퍼하게 된다. 심각한 경우 삶에 대한 의미나 의지, 자기통제력을 잃기도 한다. 마지막 단계는 '수용'이다. 수용은 체념과는 차이가 있다. 죽음을 그저 묵묵히 감수하는 것을 의미하는 것이 아니다. 사랑하는 사람이 이제 곁에 없다는 것을 인정하는 동시에 상실의 고통에서 벗어나 평안함을 되찾고 내적으로 성장함으로써 재기하는 것이다. 고인을 좋은 기억으로 남기고 살아남은 자의 삶을 충실히 사는 것이다.

퀴블러 로스는 모든 사람이 이 단계를 순서대로 다 경험하는 것은 아니라고 하였다. 단계를 건너뛰기도 하고 한 단계 올라갔다 다시 내려오기도 한다. 어떤 이는 '부정'을 극복한 후 곧바로 '수용'에 도달하기도 한다. 정상적 비탄과정은 보통 6개월에서 1년이 걸리지만 수용단계에 도달하는 데 5년, 10년 걸리는 사람도 있다. 어떤 단계에 고착되어 마지막 단계에 도달하지 못하는 경우도 있다.

사랑하는 가족의 죽음은 이 세상에서 그 무엇보다도 큰 상실이다. 그리고 그것이 준비되지 않은 상태에서 낯선 얼굴로 찾아오면 낯을 익히는 데 더 긴 시간이 걸리는 법이다. 살아남은 자들이 죽음을 성공적으로 수용하려면 주변 사람들의 함께함과 사랑, 위로가 필요하다. 타나토스(죽음)의 힘은 강력하지만 그에 대항할 수 있는 최대의 힘은 바로 사랑이다. 필리아(인간의 우애)와 아가페(신의 사랑) 모두 필요하다.

참고문헌

Kübler-Ross, E. (2018). **죽음과 죽어감: 죽어가는 사람이 의사, 간호사, 성직자 그리고 가족에게 가르쳐 주는 것들**. (이진 역). 서울: 청미.

웰 다잉*

홍순혜

안식년을 맞아 여유시간이 좀 생긴 차에 호스피스 교육에 참여하게 되었다. 커다란 기대를 건 것은 아니고 '죽음과 친해지면 좀 더 잘 살 수 있지 않을까' 하는, '아직은 죽음과 먼 사이'라고 믿는 미련하고 작은 소망 정도를 가졌다. 교육을 통해 내가 재확인한 것은 이미 나는 죽음으로의 행로에 있으며 삶의 종착역을 향해 열심히 달려가고 있다는 사실이다. 내일을 멋지게 살기 위해 오늘 노력하는 것처럼, 언젠가 내일이 될 마지막 날을 위해 무언가 준비할 필요가 있다는 것도 깨달았다. 물론 마지막 날에 대한 인식을 통해 오

* 여기 실린 글은 과거 한국일보 〈아침을 열며〉 칼럼란에 실렸던 필자의 글 중 오늘날의 독자들과 공유하여도 좋을 것이라 생각되는 노인 관련 글을 선정하여 오늘날의 상황에 맞게 통계치나 법령 등을 일부 수정한 것이다.

늘을 귀하게 사는 것이 무엇보다 중요할 것이다. 하지만 죽는 순간까지 삶을 통제하고 인간적인 품위를 유지하기 위한 구체적인 준비가 필요하다는 것을 알게 되었다.

자신의 죽음을 상상하는 것은 쉽지 않다. 억지로 상상해야 한다면, 살 만큼 살다가 어느 날 자다가 편안히 생을 마감하는 모습을 그려 보고 싶어질 것이다. 딱딱한 침대에 누워 생명유지장치로 연명하는 자신을 상상하는 사람은 없을 것이다. 하지만 영양공급 튜브에 의존한 채 15년간 식물인간 상태로 누워 있었던 테리 시아보(Terri Schiavo)[1]가 자신이라고 상상해 보라. 의미 없는 연명치료에 대한 이슈가 단지 남의 일로만 생각될 수는 없다.

2009년 우리나라에서도 식물인간 상태인 어머니에 대한 무의미한 연명치료를 중단해 달라며 자녀들이 병원을 상대로 낸 소송에서 법원이 가족의 손을 들어 준 일이 있다. 환자의 회복 가능성이 희박하며, 생명연장치료를 받지 않고 자연스러운 죽음을 맞이하고 싶어 했다는 환자의 평소 소망을 추정하는 것이 가능하다는 데 근거한 결과였다. 이 사건 이후, 환자가 의식이 있을 때 자신의 생명연장치료에 대한 의사를 사전에 명시해 둘 수 있는 연명의료결정

1) 15년 동안 식물인간으로 살다가 법원의 판결로 영양공급 튜브를 제거해 숨을 거둔 미국인. 본명은 테레사 마리 신들러(Theresa Marie Schindler, 1963~2005)다. 마이클 시아보(Michael Schiavo)와 결혼한 그녀는 1990년 심장마비로 뇌손상을 입어 식물인간이 되었다. 영양공급관의 제거를 요구하는 남편과 이를 반대하는 테리의 부모 사이에 7년간 법정 소송이 벌어졌으며 이는 세계적인 안락사 논쟁을 불러일으켰다.

법이 오랫동안 논의되었고 드디어 2018년부터 시행되기 시작했다.

환자가 의식이 있을 때 자신이 임종과정에서 어떤 의료적 처치를 받기 원하는지 명확히 문서화해 놓는다면 자신의 존엄성을 지킬 수 있을 뿐만 아니라 가족의 부담도 경감시킬 수 있다. 하지만 현재 많은 환자가 이런 절차 없이 회생 불가능한 상태에 놓여 의미 없는 연명치료 속에서 본인과 가족의 고통이 가중되고 있다. 환자가 의식불명 상태에 있을 경우 가족과 친지에게 환자가 평소 말한 연명치료 거부가 고려될 수 있지만, 그 내용이 모든 가족원에게 일관되게 이해되고 가족원이 동일한 치료방법에 합의할 것이라는 보장도 없다. 연명치료를 중단시키려던 테리 시아보의 남편과 유지시키려던 부모 사이의 치열한 법정투쟁이 이러한 가족 갈등의 가능성을 단적으로 보여 준다. 또한 자연스런 죽음에 대한 의지를 환자가 평소 표시한 적이 있다 하더라도 환자가 아닌 가족의 입에서 나온 결정은 가족들에게 정신적 부담을 지울 수 있다. 자녀들 스스로 불효를 의심하고 타인의 눈총을 의식해야 할지도 모른다.

사전연명의료의향서는 임종이 예측될 상황에 대비해 무의미한 생명연장 시술 또는 호스피스 이용 등에 대한 의사를 미리 밝혀 두는 문서다. 임종을 앞두고 자의적 의사표시가 불가능해질 경우를 대비해 나를 치료하는 담당의사와 가족에게 남기는, 내가 소망하는 삶의 방식에 대한 지시서라고 할 수 있다. 이는 내 삶에 대한 자율권 행사이며 존엄한 삶에 대한 자기보장이다. 내 삶에 대한 결정을 스스로 끝까지 통제하는 것이다. 모든 인간은 임종과정을 통해 삶을 완성한다고 할 때, 이 순간을 어떻게 고통 없이 내 방식대로 존엄하게 맞을 수 있을지 진지하게 고민해 볼 필요가 있다.

오십견(肩)에 대한 단상

홍석준

2008년 여름 필자는 말레이시아에서 연구년을 보내는 중에 갑작스러운 어깨통증을 호되게 겪었다. 어느 날 갑자기 극심한 통증과 함께 손을 어깨나 등으로 올리는 것이 불가능할 정도로 운동이 제한되는 매우 불편하고 아픈 경험을 겪은 것이다. 당시 필자의 나이는 48세였으나, 이른바 오십견이라는 질환이 발병한 것이다. 오십견이라고 불리기는 해도 그보다 젊은 연령대나 50대 이후에도 발생할 수 있다는 것을 당시에는 잘 알지 못했다. 오십견은 50대에만 한정되거나 국한하여 발병하는 질환이 아닌 것이다.

당시 필자는 한의원과 병원, 그리고 마사지숍을 오가며 양방과 한방, 민간요법과 대체의학 등의 치료방법을 병행하여 치료에 열중하였다. 어느 정도 시간이 흐르자 언제 그랬냐는 듯이 통증과 운동 제한이 사라지고 정상적인 상태로 되돌아갈 수 있었다. 그때 한방과 마사지 치료의 활용 경험은 대체의학이나 의료인류학(medical anthropology) 또는 민족의학(ethnomedicine), 민간요법 등에 대한 필자의 관심을 불러일으키기에 충분했다. 특히 마사지는 어깨 건강의 회복과 질환의 치료를 위해 일종의 패키지 방식으로 규칙적이고 체계적으로 활용되었다. 이러한 치료 경험은 오십견 치료방법과 전통 의료의 가치체계 및 토착 지식에 대한 관심이 서로 어떻게 연계되고 관련될 수 있는지에 대해 깊이 생각해 볼 기회를 제공하였다.

통상적으로 오십견은 어깨가 굳어 움직이기 힘들고 극심한 통증까지 수반되는 만성 어깨관절의 통증과 운동 제한을 일으키는 가장 흔한 질환의 하나로 전체 인구의 약 2%에서 유발되는 것으로 알려져 있다. 이 질환의 중요한 특징 중 하나는 만성적으로 어깨 관절의 통증과 운동의 장애, 특히 능동적 및 수동적 운동 범위가 모두 감소하는 것이다.

오십견의 정식 의학 용어는 유착성 관절낭염이다. 영어로는 'frozen shoulder'라 불리고, 직역하자면 동결견(凍結肩)이 된다. 흔히 50세 이후에 특별한 원인이 없이 심한 통증과 더불어 전 방향으로의 능동적 및 수동적 관절 운동 범위의 제한을 보이는 것이 특징이어서 오십견이라고 부른다.

오십견(동결견)은 노화(老化)로 인해 관절낭의 부피가 점점 줄어들어 유착이 생기는 것이 주요 원인이라 알려져 있다. 최근에는 50세 이하에서도 자주 발병하기에 노화와 큰 관련이 없다는 의견도 있으나, 적어도 노화와 무관하다고 주장하기는 힘들 것이다.

오십견의 치료 원칙의 기본은 보존적 요법이며, 가장 중요한 치료는 수동적 관절 운동을 통해 운동 범위를 정상 수준으로 회복시키는 것이다. 초기, 즉 움직이면 아픈 시기에는 휴식을 취해야 하겠지만, 이 시기가 지나면 어깨 통증을 심하게 유발하지 않는 범위에서 환자 스스로 수동적 관절 운동을 시행하는 것이 좋다. 온수찜질 후 시행하는 것이 효과적이며, 손가락을 벽에 대고 점차 위로 올리는 운동이 대표적인 운동법이다. 이런 운동을 하루 6회 정도 시행하여 굳어진 어깨를 서서히 이완시키는 것이 치료의 목표다.

비록 완전히 회복되려면 긴 시간이 필요하지만 환자에게 자가회복질환임을 인식시켜 치료과정을 극복할 수 있도록 도와주는 것이 중요하다. 체계적인 보조요법은 환자의 90%에서 만족할 만한 임상결과를 보이지만 나머지 10%에서는 관절 운동 제한 및 만성 통증 등의 후유증이 남을 수 있다.

통증이 심하면 운동치료와 함께 진통 소염제를 쓰며, 효과가 없을 때는 마취를 시키고 강제로 운동을 시키거나 스테로이드를 주입하기도 한다. 이런 비수술적 치료에 반응이 없을 때 수술적 치료를 고려할 수도 있는데, 수술은 관절경을 이용하거나 어깨관절을 열고 시행한다.

다행히도 필자는 수술적 치료를 위한 진단과 처방이 내려지기 전에, 보존적 요법만으로 건강의 회복과 질환의 치료를 성공적으로 마무리할 수 있었다. 이러한 경험은 건강의 회복과 질환의 치료를 위한 보존적 요법의 특성과 의미에 대한 필자의 지적 호기심과 관심을 증폭시키는 계기가 되었다고 말할 수 있겠다.

문화적인 관점에서 볼 때, 오십견과 동결견은 의료문화적 공통점과 차이점을 동시에 갖고 있다. 동결견이 서양 또는 서구의 보건위생 시스템에서 비롯된 개념이라면, 오십견은 동양 또는 동아시아, 특히 한국을 포함한 지역이나 국가에서 50세라는 나이 또는 연령에 특별한 의미를 부여하는 문화권 또는 문화권역의 산물이기도 한 것이다. 따라서 오십견이란 용어가 단지 50세의 어깨를 지칭하는 모호한 용어이기에 진단명으로는 합당하지 않다는 의견에 대해서는 재고의 여지가 있다.

한국에서 오십견이나 오십견 증상, 오십견에 대한 진단과 치료방법을 둘러싼 담론은 서구의 보건위생 시스템과 함께 한의학을 포함한 동양의 대체의학이나 민간요법의 보건위생에 대한 지식 및 가치체계에 대한 동시적 이해를 요구한다. 오십견 치료방법에는 서구의 보건위생 시스템과 토착적인 보건위생 지식 및 가치체계가 동시에 활용된다. 이는 다음과 같은 질문과 문제제기를 불러온다. 양자 속에서 오십견이라는 질환 또는 병명이 문화적으로 어떻게 소비되고, 또 그 이유와 근거는 무엇이며, 오십견에 대한 치료방법으로서 한방과 마사지 요법과 같은 대체의학이나 민간요법의 활용을 통해 성취되는 건강의 회복과 질환의 치료는 과연 어떤 것이고, 그 문화적 함의는 무엇인가?

오십견에 대한 환자의 인식과 마사지와 같은 민간요법 또는 대체의학을 통해 오십견을 치료하는 것은 문화적으로 구성되는 공간과 과정을 주요 배경으로 한다. 이러한 문화적 배경에서, 오십견을 경험한 사람들의 문화 내적 논리는 무엇이며, 그것은 어떠한 논리 또는 논리적 과정에 따라 재현되는가를 현지인의 관점에 입각한 논리에 따라 '내부인의 시각으로' 추적해 볼 필요가 있다. 왜냐하면 이는 오십견의 질환과 치료라는 토착적인 가치체계 내에 오십견에 대한 인식과 실천이 통합되어 있는 방식을 조망하는 작업일 뿐 아니라, 사람들의 건강 회복과 질환 치료에 관한 전통지식과 실천 담론들을 통해 민간요법이나 대체의학의 인문사회과학적인 의료와 건강과 질환의 전통과 역사, 그리고 문화의 특징과 의미를 맥락적(contextually)으로 드러내는 일이기도 하기 때문이다.

삶의 완성을 향해

이숙영

노년기에 흔한 퇴행성 관절염을 제외하고는 무병과 건강을 자랑하던 아버지가 심각한 대장질환의 환자가 되어 투병에 접어든 것은 아버지 자신은 물론, 가족들에게도 큰 충격을 주었고 적지 않은 적응과정이 필요하였다. 평생을 지나칠 정도로 건강관리에 힘써온 덕에 병원 출입이 없던 아버지에게 갑작스런 투병은 생소한 경험이어서, 몇 개월에 걸친 두 번의 입원과 치료과정에서 많은 생각을 하게 하였다. 아버지의 투병을 생활의 일부로 받아들이며 적응하기까지는 아버지 자신의 노력을 중심으로 가족의 팀워크와 수고가 필요하였다. 가장 먼저 맞닥뜨린 딜레마는 아버지의 수술 여부였다. 아버지가 앓고 있는 질환의 경우, 일반적으로 수술 치료가 최선의 방법이지만 90이 넘은 아버지의 나이를 고려할 때 수술이 과연 최선의 방법인가에 대해 전문가들의 의견이 엇갈렸기 때문이다. 아버지의 폐와 심장 등은 수술을 할 만큼 건강했지만, 고령을 생각하면 수술 후의 회복과 합병증의 가능성이 문제였다. 90세가 넘은 환자의 수술 여부에 대해서는 환자 자신과 가족들에게 결정권이 주어진다는 사실 아래 의사들의 의견을 토대로 아버지에게 최종 결정권이 주어졌다. 아버지는 자신의 건강 상태가 장시간의 수술을 견뎌낼 수 있다는 외과적 소견에 기뻐하면서도, 수술 후에 찾아올 수 있는 문제에서 자신도 예외가 될 수 없으리라고 판단하고 간단한 시술로 이루어지는 대안적 치료를 결정했다. 대안적 치료는 쉽고 간단하지만, 현재의 상태를 유지하는 데에 초점을 두기 때문에 아버지는 매일 약물치료와 그에 따른 증상들을 감내해야 했다.

치료 이후 1년째가 되어 가는 지금까지 아버지는 약물치료와 그에 수반되는 잦은 설사, 복통과 씨름하며 지내고 있다. 중간에 한두 번 증상이 악화된 적이 있었으나 다행히도 넘길 수 있었다. 다행스러운 것은 아버지의 삶의 질이 급격히 떨어지거나, 또는 생활이 많이 불편해지거나, 심각한 통증으로 고통받지 않는다는 점이다. 아버지가 자신의 병을 받아들이고 하루하루 생활해 나가는 것을 지켜보는 것은 경이로울 정도다. 무섭고 고통스런 순간이 수차례 지나갔을 텐데, 그것을 묵묵히 견디고 받아들일 뿐만 아니라 아프기 전과 같은 상태로 자신의 일상을 변함없이 즐겁게 살아가기 때문이다. 새로운 생활패턴에 아버지가 적응하면서 가족들도 아픈 아버지가 아니라 이전과 같은 아버지로 편하게 대하고 있다. 이것은 아버지가 가장 만족하고 바라는 점이라고 짐작한다.

노년기에 피해갈 수 없는 가장 큰 도전은 악화되는 건강과 체력, 질병, 노인성 질환이다. 신체적인 질병과 체력 저하를 견디다 보면 우울증, 두려움, 외로움과 같은 심리적 문제가 뒤따르곤 한다. 가족과 주변의 적절한 도움을 받지 못하면 사회적으로 고립되고 침체된 생활의 어려움을 겪기도 한다. 많은 위험 요소가 있는 노년기의 삶을 윤택하게 유지하기 위해서는 노인 자신과 가족들의 협력으로 만성적인 고통을 경감해 주고 삶의 질을 유지하기 위한 주거 환경과 생활방식을 갖도록 하는 것이 중요하다. 노년기는 일생 가운데 마지막 단계다. 몸의 움직임, 기억력, 청력, 시력 등 모든 기능이 떨어지면서 자연스럽게 느린 상태로 기어를 바꾸는 때다. 노인의 세계로 들어가기 위해서는 노인에 맞추어 속도를 줄일 줄 알아야 한다. 느려짐은 노인 자신뿐만 아니라 주변에도 불편을 끼치기 때문에 서로 간의 이해와 노력이 필요하다. 노인의 '느림'을 기다리고 붙잡아 주는 것은 단순히 예의를 지키기 위해서만이 아니라 그것이 그들과 연결되는 방식이기 때문이다. 노인은 더 이상 활동이나 역할로 다른 사람과 관계를 맺기보다는 그들의 '존재'로 관계를 이어 간다. 집안에서 할아버지나 할머니가 어떤 일이나 역할을 담당해 주어서가 아니라 그분들이 있다는 것 자체로 힘이 되고 영향을 끼치는 것이다.

발달심리학에서는 노년기를 인생을 완성하는 마지막 단계로서, 살아온 자신의 삶을 정리하고 재구성하는 시기라고 설명한다. 지난 삶을 돌아보고 잊지 못하는 것들, 아쉬움으로 남는 것들, 기뻤던 것들, 고생스러웠던 것들을 묶어 살아온 삶과 이야기에 의미를 부여한다. 행복한 인생의 마무리를 위해서는 '그랬었더라면' '그러지 말았어야'라는 식의 후회를 버리고 '그렇게 살 수 밖에 없었던' 삶으로 긍정적인 재해석을 해 주어야 한다. 또한 자신과 남을 용서하고 잘못된 관계를 치유하며 살아온 인생에 대한 만족스런 최종 성적표를 얻어야 할 것이다. 그리고 한편으로 가족이나 다른 사람들에게 자신의 이야기를 끊임없이 하고 싶어 하는 것은 자신의 회고를 통해 얻은 경험과 지식, 지혜를 나누고 싶기 때문이다. 집안에서 할아버지, 할머니가 살아온 이야기를 되풀이하는 것은 그것을 가족들에게 전수해 주고 싶은 자연스러운 행동이며 가족의 역사를 이어 가고 싶은 본능이다.

우리는 매일 죽음을 향해 다가가고 있다. 죽음은 삶의 완성이기 때문이다. 노년기는 이 기나긴 과정의 끝자락에서 마지막 장을 채우는 힘겹지만 고귀한 작업을 하는 시기다. 혼자서 감당하기에는 약하고 두려울 수밖에 없는 이 작업에서 가족과 주변의 도움이 필요하다. 그들이 투덜거릴 때 들어 주고, 아플 때 위로해 주며, 넘어지고 쓰러질 때 최선의 방법으로 일으켜 주어 마지막 작업을 편안히 마무리할 수 있도록 도와주어야 한다. 노년기에는 괴로움과 우울한 것만 있는 것이 아니다. 젊은 시절과 마찬가지로 신나고 기쁜 순간도 있다. 그 순간들을 축하하고 기념하여 나보다 먼저 삶을 완성하는 인생의 선배를 격려하는 것이야말로 진정 함께하는 것이 아닐까 싶다.

네가 부를 나의 이름은

윤혜미

퇴근길에 엘리베이터를 탔다. 제 엄마의 손을 잡고 동승한 서너 살 꼬마가 눈이 마주치자 "몇 층 살아요, 할머니는?"이라고 묻는다. 내 생애 처음으로 '할머니'로 정체성을 부여받은 순간이었다. 나도 모르게 눈썹을 치켜 올렸던 것 같다. 꼬마의 엄마가 눈치 빠르게, "할머니 아니야, 죄송해요."라고 한다. 모녀가 내리고, 거울을 보았다. 얼굴의 모든 근육이 중력에 항복한 듯한데, 흰머리 몇 가닥이 빳빳이 서 있다. 고것 참……, 날카로운 눈매를 가진 꼬마네 싶다. 그래도 그렇지, 할머니라니…….

집으로 들어오면서 할머니라 불렸을 때의 놀람과 반감에 대해 잠시 생각했다. 놀람이야, 타인에게 내가 늙었다는 사실을 단순명료하게 지적한 예기치 않은 일격 때문이었을 것이다. 그럼 놀람의 뒤편에서 느껴지던 반감의 정체는 무엇이었을까? 동안(童顔)이 무슨 큰 자산이나 되는 듯 요란을 떠는 요즘 세상의 낯간지럽고 신경질적인 음모에 가담하지 않은 꼬마의 솔직함 때문은 아니었다. 오히려 꼬마 엄마가 건넨 '죄송하다'는 사과 때문이었던 것 같다. '할머니'라 불리는 것은 'outing'이어서 사과가 필요했던 걸까? 여성에게 시간의 흐름은 단순히 나이가 든다는 것 이상의 무언가 부정적인 과정이기 때문에 낯선 이를 '할머니'라 호칭하는 것이 실례가 되는 것일까?

사실, 반감의 정체는 꼬마의 엄마가 아니라 할머니라는 호칭이 내 나이대의 여성을 일컫는 보편적 대명사라는 데 있다. 할머니는 가족관계를 나타내는 말인데, 우리는 알지도 못하는 나이 든 여성을 왜 할머니라 부르는 걸까? 늙은 여자는 가족으로서의 관계 외에는 역할이 인정되지 않는 것일까라는 뾰족한 억울함이 있다. 그러고 보니, 여성의 삶에서 제3자로 인식될 때의 비공식적 호칭은 늘 가족관계와 관련이 있다는 생각이 든다.

지금도 늘 목덜미에 거미가 기어가는 느낌을 받는 호칭이 있다. 시장 상인들이 호객하면서 "언니, 여기 좀 보고 가."라고 할 때면, 홱 돌아보고 '제 동생이세요?'라고 물어보고 싶어진다. 음식점에서 주문 받으라고 누군가가 목 놓아 '이모'를 외칠 때, 그리고 서점에서 학습참고서 칸에 발을 들여놓으면 어김없이 "어머니, 몇 학년 거 찾으세요?"라고 할 때, 내가 모르는 동생과 더 놀랍게도 안 계신 이모와, 내가 낳은 기억 없는 자식까지 만나게 되니 어찌 질겁하지 않겠는가. 이 많은 경우에 난 그저 소비자였을 뿐이니 '손님'이면 되는데, 왜 이리 다들 인척관계를 주장하는지 모르겠다. '친근한 호칭'이라 그런다면, 왜 여성 소비자와 판매자 사이에서만 친근감이 필요한가? 같은 상황에서 남성을 형님, 이모부, 아버지라고 부르는 것은 아니지 않은가.

언젠가는 길에서 어떤 청년과 다정히 걸어오는 제자를 마주쳤는데, 수줍게 "우리 오빠예요."라고 하기에 무심코 "남매가 친하네, 팔짱도 끼고."라고 했다가 영 눈치 없는 사람이 되었다. 그런데 연인을 왜 오빠라고 하느냔 말이다. 썸 타는 남녀 사이에 애정관계가 공고해지면 "이제 오빠라 불러."라고 한다니……. 결혼을 하고도 남편 호칭이 '오빠'인 커플이 많다는데, 나로선 어쩐지 영 적응이 안 되는 호칭이다. 연인은 진짜 오빠와는 금지된 일을 하는 사이가 아니던가? 혹 연인이란 언제든 헤어지면 전광석화처럼 원수가 될 수도 있는 사이라, 버릴 수 없는 2촌 관계를 상정하는 것일까?

남이 아무 상관없는 나를 언니, 이모, 어머니, 할머니로 칭하는 것도 어색하지만 30대 중반부터 아줌마로 불리는 것도 익숙해지기 위한 노력이 필요했다. 특히나 아줌마는 어쩐지 하대하는 의미가 느껴지기 때문이다. '아줌마 부대'라는 말이 암시하는 염치없음, 뻔뻔함, 그악스러움이 부모항렬의 친척 여성을 칭하는 호칭인 '아주머니'의 준말이라는 본래 의미를 압도한 지 오래 아닌가. 도로에서 시비가 붙었을 때, 운전자가 여성임을 확인할라치면 상대 남성 운전자의 첫마디는 대개 '이 아줌마가'로 시작된다. 그 아줌마가 응급한 경우거나 직무수행 중이더라도 아줌마가 솥뚜껑이나 운전하지

쓸데없이 차를 끌고 나온 것이 된다. 아줌마는 대개 기혼여성을 일컫는 말이다. 이제 비혼여성도 많은데 결혼을 했거나, 안했거나 간에 중년이면 모두 아줌마로 통칭되니, 억울한 분도 많을 것이다. 그렇다고 아줌마라는 호칭에 담긴 억척스러움이나 만만함이 감소된 것은 아닌 것 같다.

생각해보니, 더 젊은 시절에는 '아가씨'라는 호칭도 있었다. 중고등학생 시절엔 교복을 입었으니 영락없이 '학생'으로 불렸지만, 교복을 벗은 다음부터는 심심찮게 '아가씨'로 불렸다. '학생'은 당사자가 하는 일에 중심을 둔 호칭이지만, 아가씨는 역시 인척관계를 나타내는 우리말이다. 기혼여성이 남편의 여동생을 부르는 말이 아닌가. 결과적으로 젊은 여성들은 불특정 여성의 시누이로 통칭되는 셈이다. 여성들끼리 아가씨로 상대를 부를 때는 부르는 사람이 대개 연상이다. 남성이 젊은 여성을 아가씨로 부를 때, 여성은 그 맥락을 직감적으로 해석해야 한다. 건조한 호칭인지, 성희롱을 담은 놀림(cat calling)인지, 취객의 위협적 부름인지, 하대인지, '아가씨 불러 달라' 할 때의 성적인 통칭인지…….

그런데 공평하자면 미혼 남성을 칭하는 반어(反語)도 있어야 하니, '도련님'이 여기 해당되겠다. 그러나 아무도 시동생이 아닌 젊은 남성을 '도련님'으로 부르지 않는다. '총각'이라는 호칭이 있긴 하다. 그렇지만 '총각'은 가족관계와는 전혀 상관없는 단어다. 결혼하지 않은 젊은 남성을 의미할 뿐이다. 또래부터 연상인 남녀 모두가 미혼의 여성을 '아가씨'라고 부르는 데 반해, 미혼의 남성을 '총각'이라고 부를 수 있는 사람은 상당한 연상의 남녀에 한한다. 대신, 많은 사람이 미혼 남성을 '젊은이'라고 부른다. 젊은이는 상대의 '젊다'는 특성을 나타내는 호칭이지, 가족관계를 뜻하지는 않는다. 하지만 젊은 여성이 '젊은이'라고 호칭되는 경우는 드물다. 여전히 그녀들은 '아가씨'로 불린다.

30대 초반에 국책연구기관에 취업했을 때, 나는 6명이 일하는 연구실의 책임자였고 내 자리는 파티션으로 구분된 안쪽 자리였다. 공간적 분리로 권위를 표현하고 '책임연구원'이라고 명패가 붙어 있어도, 월말이면 연구실에서 소비하는 신문, 우유, 요거트 대금을 수금하러 오는 분들은 약속이라도 한듯, 연구실을 굳이 한 바퀴 빙 둘러 내 파티션 너머에 서서 "아가씨, 수금하러 왔어요."라고 했었다. 유일한 젊은 여성이었기에 그랬을 것이다. '아가씨'에는 권력의 하부에 있는 만만한 상대라는 의미가 부여되어 있었던 것이다.

아가씨-아줌마-어머니-할머니, 그리고 언니와 이모까지, 여성들에 대한 보편적 호칭이 이렇게 가족관계에 찰떡같이 관련되어 있는 것을 여성의 개별성이나 사회적 역할보다 모성을 강조하는 특정한 성 역할에 가두어 놓는 가부장제의 일면이라고 하면 지나친 자의식일까? 김성회(2017)는 여성 대상 호칭에 아버지-남편-자식의 '삼종지도(三從之道) 법칙'이 관찰된다고 지적했다. 낯선 남성에게는 학생 이후, 총각 또는 젊은이-선생님(꼭 교사나 교수가 아니어도)-사장님(자영업자 모두에게 해당하는, 실제 사장님인지 아닌지는 상관없다.)이라는 직함 중심의 호칭이 아저씨-할아버지의 대안으로 존재한다. 사실과 상관없이 관계가 아닌 기능과 직함에 근거한 명칭이 압도적으로 더 많이 사용된다. 여성이 선생님이나 사장님일 수도 있는 세상이 되었으나, 이런 가정을 인정하는 데 호칭은 매우 인색하다. 아저씨와 할아버지는 아줌마와 할머니에 대응하는 반어로 가족관계와 관련된 것은 사실이나, 남성을 아저씨나 할아버지로 부를 때는 한 호흡의 주저함이 느껴진다.

그래서 남성 호칭에는 실체보다 넘치게 하는 '부력의 법칙'이 적용되는 반면, 여성의 호칭에는 끌어내리는 '중력의 법칙'이 작동한다는 김성회(2017)의 관찰은 영리하다. 실제로 사회에서 중요한 직책이나 힘을 가진 여성들은 스스로를 애써 낮추어 표현한다. 남성들이 직책이나 권력을 현실보다 더 과대포장하여 자신의 중요성을 강조하려는 경향과 비교할 만하다. 수세기에 걸쳐 축적된 경험이 여성들에게 '중력의 법칙'이 '부력의 법칙'보다 생존에 유리하다는 것을 가르친 결과일 것이다. 여성은 남성에게는 물론, 같은 여성에게도 애써 중력의 법칙을 사용한다. 여성취업이 50%에 가까운 현대에도 중력의 법칙은 존재한다. 여성임에도 남성 중심 사고로 무장한 '명예남성'은 여성의 '부력'에 용서가 없기 때문이다. 소수는 늘 소외되거나 추방되거나 따돌림의 대상이 아니었던가.

여성을 일컫는 언어와 호칭의 궁핍성이 보여 주는 상징과 은유는 그래서 더 처연하다. 서양의 우화와 동화가 보여 주는 'good girl, bad woman'의 프레임과 상통하기 때문이다. 순수성을 기대하고 보는 동화의 여자 주인공은 대개 소녀다. 그녀들은 순진하고 여리며, 착하고 순종적이어서 그 자체로 보상을 받는다. 특별히 자신의 처지 개선을 위해 고민하고 역량을 기르느라 애쓸 필요도 없다. 그저 아가씨로 존재하면 되는 것이다.

반면, 우화에 등장하는 성인 여성들의 처지는 다르다. 그녀들은 일찍이 사망해서 엄마노릇을 하지 못하는 무능한 여성이거나, 악독한 계모거나, 마녀거나(마녀의 부정적 의미에 비해 대칭어인 마술사는 의미가 중립적이다), 못된 왕비다. 권력욕, 소유욕 그리고 감히 비상한 재능을 갖추었기 때문에 나쁜 여성으로 묘사되고 종국에는 죽임을 당하거나 비참한 처지에 빠지게 된다. 남성이라면 히어로의 조건일 텐데, 여성의 '비여성적인' 재능은 두려움의 대상이 된다. 온갖 재주와 기획력, 권력을 다 갖추었으나, 가만히 가사노동에만 전념하던 소녀들의 백마 탄 왕자에 의해 여지없이 무너진다. 여성권력에 대한 혐오다.

보편적 여성의 호칭에서 획득적 역할을 인정해 주기를 기를 쓰고 거부하는 우리말은 여성권력을 혐오하던 한 세기 이전의 서양 우화를 꼭 닮았다. 헌정 사상 첫 여성대통령이 국정농단으로 탄핵되었을 때에도 세상은 그가 대통령으로서의 역량이 한참 부족했다는 사실보다는 여성이어서 '드라마를 좋아하고, 성형시술과 헤어스타일에 시간을 허비하고, 비술에 혹한' 사람으로 비난하였다. 국정농단이 대통령이 여성이었기에, 그리고 여성은 권력자로 적합하지 않기에 발생한 일로 단순화 · 비하되는 것을 우리는 모두 목격했다. 남성이 주를 이루었던 당시 여당 정치인들은 그의 역량 부족을 잘 알면서도 자신들의 권력 유지를 위해 '부력의 법칙'으로 과대

포장하고 당선 후에는 진박, 친박, 낀박, 비박으로 그룹을 나누면서 친밀도를 과시했으나, 몰락의 길에 이르자 서둘러 '중력의 법칙'을 적용하는 놀라운 유연성을 보여 주기도 했다.

할머니든 할아버지든, '젊은이'의 반어인 '늙은이'를 일컫는 이 호칭들은 한편으로는 가족관계에 근거하고 있지만 다른 한편으로는 연령주의의 틀에서 능력의 상실을 꼬집는 호칭이기도 하다. 할머니라 불리고 사과받는 과정에서 느낀 뜨악함의 또 다른 이유는 할머니라는 호칭이 내재하고 있는, 바로 능력을 상실한 무력한 존재로서의 초상(肖像) 때문이다. 연령주의 관점에서 보면 노년에 대한 이러한 폄하는 젠더를 불문한다는 점에서 더 불편하고 일면 두렵기까지 하다.

선생님이고 사장님이었던 남성들도 일에서 물러나 노령의 그림자가 확실하게 드리우면 더 이상 선생님과 사장님으로 불리지 않고 어느새 할아버지로 호칭된다. 본인들끼리는 예전 이야기가 된 직장생활에서 도달했던 최고의 직함으로 서로를 부르지만, 제3자는 이들을 그저 할아버지로만 부른다. 하물며 여성은 조금의 주저함도 없이 할머니가 되고, 그녀가 어떤 일을 하던 사람인지는 관계없이 살림과 육아의 보조 노동력으로 평준화된다. 연령주의가 성역할 고착화와 중첩되면, 할머니는 낮은 가격으로 소비된다. 할머니는 자식들의 살림과 육아를 얼마나 맡아 줄 수 있는가에 따라 가치가 매겨지기 일쑤다.

연령주의에서 젊음은 이제 권력이 되었다. '젊은이'라는 말은 긍정적이지만, 반어인 '늙은이'는 아무도 이렇게 불리기를 원치 않는 경멸적 의미가 되었다. 1970년대 '대한뉘우스'에는 폭염에 '늙은이는 몸조심하라'는 계몽성 방송이 공공연했다. 말 그대로, 그 때 '젊은이' '늙은이'는 '젊은 이(사람)' '늙은 이(사람)'의 중립적 언어였던 것이다. 그러나 2018년 현재의 '젊은이'는 푸릇푸릇 힘이 넘치고 신선한 호칭이지만, '늙은이'는 상대방을 모욕할 때 쓰는 호칭이 되고 말았다. 요즘 세상은 생산성을 가장 중요하게 여기는지라, 생산성을 상실해 가는 노인을 말 그대로 부르면 욕보이는 셈이 되는 언어의 변질을 가져온 것이다. '연세 높으신'은 '나잇살이나 먹어 가지고'로 폄훼되었다.

이처럼 호칭은 사회에서 개인의 사회적 위치와 의식을 반영하고 사회적 관계와 위계의 지표가 된다. 상대적으로 젊었던 시절의 사회적 지위와 능력을 무시당하게 되니, 서로를 '여사'로 부르며 자존감을 유지하려 애쓰기도 한다. 연령차가 있으면 '님'이 붙어 '여사님'이 되기도 한다. '여사'의 사전적 정의는 결혼한 여자를 높이거나 사회적으로 이름 있는 여자를 높여 이르는 말로서, 고대 중국에서 기록사무를 다루는 여성 관리를 지칭하였다. 대부분의 여자가 사회적인 활동을 하지 않는 사회에서 결혼 후에도 특수하게 사회활동을 하는 여자를 부르는 말이 되었고, 존칭으로서의 의미가 있다. 요즘은 특별한 직책이 없는 나이 든 여성을 '할머니'나 '아줌마'로 부르기에는 면구스러울 때 '여사'라는 존칭을 사용하기도 한다.

호칭 사용 관습은 때로 예기치 못한 방향으로 진행된다. 과거 '아줌마'로 불리던 비정규직 일용 여성 근로자들(가사도우미, 간병인, 건물 미화원 등)이 이제 '여사' 또는 '여사님'으로 불린다. '여사'라는 호칭이 가지고 있는 존중의 의미를 생각하면, 직업위계에서 비교적 하위에 있는 여성들에게도 존중을 보여 주는 것 같아 잘된 일인 것 같다. 문제는 이제 '여사'가 정규직이 비정규직 여성을 부를 때의 호칭으로 굳어져서 차별과 비하의 의미가 부여되는 점이다. 정규직은 직책명이나 '○○○ 님'으로 부르면서 굳이 비정규직 여성을 '여사' 또는 '여사님'으로 부른다. 지자체와 학교에는 얼마나 많은 여사님이 계시는지, 이는 정규직이 자신과 비정규직 인력이 동급으로 통칭될까 기를 쓰고 구분하는 처연하고 안쓰러운, 그러나 분명 차별적인 호칭 쓰기다. 뿐만 아니라, 여사는 비아냥거리는 의미로 쓰이는 경우도 있다. SNS 등에서 '개념 없는' 여성 운전자를 비하할 때 '김여사'라 표현하는 것이 그 예다. 권력관계와 차별의식이 호칭을 비틀어 버린 것이다.

늙음에 대한 폄하가 되어 버린 '늙은이'를 대신하는 호칭도 강구되었다. '어르신'이다. 어르신은 남녀 구분 없이 노령에 든 사람을 약간의 존중을 담아 부르는 호칭으로 받아들여지고 있다. 팔순 넘으신 부모님과 동반한 은행이나 병원에서 직원들은 부모님을 '어르신'으로 불렀다. 그리고 부모님도 이 호칭에 거부감이 없으셨다. 그저 '좋은 말이 있구나' 하고 생각했다. 단, 폭력과 정쟁을 다룬 영화에서 모습을 드러내지 않는 권력의 정점, 악의 축을 대개 '어르신'으로 호칭하는 것이 나는 불편하다. '어르신'도 시간이 지나면 술수에 능한 음흉한 노인을 가리키는 의미로 전락할까 봐.

그런데 '어르신'으로 불리기엔 언감생심인 나의 이 어정쩡한 나이에 맞는 호칭은 없는 것일까? 언어와 호칭의 궁핍은 수명연장과 성 역할 다양화라는 사회 변화를 따라가지 못하는 완고하고 둔감한 우리 사회를 반영하고 있다. 몇 년 지나면 나도 은퇴라는 것을 하게 될 텐데, 차별 없이 여성 노인을 대표할 수 있는 중립적이고 정다운 호칭이 아쉽다. 네가 부를 나의 이름은 무엇일까?

참고문헌

김성회(2017. 6. 10.). 여성 호칭의 사회학. 영부인, 여사님, 사모님, 선생님. 조선일보. http://news.chosun.com/site/data/html_dir/2017/06/08/2017060800605.html (2018. 12. 24. 인출)

국립국어원. 비정규직도 존중해 주세요. http://news.korean.go.kr/index.jsp?control=page&part=view&idx=10878 (2019. 1. 5. 인출)

네이버 지식인. '여사님' 호칭에 대응하는 말. http://kin.naver.com/qna/detail.nhn?d1id=11&dirId=11080105&docId=142471237&page=1#answer1 (2019. 1. 30. 인출)

엄마의 전성시대

어디서 누구와 함께 살 것인가

두려움과 무모함의 사이에서

부모님과 이별하는 법

삼시세끼 -아버지편-

3부

부모님과 동행하는 노년

엄마의 전성시대

윤혜미

나의 어머니는 2018년 봄에 결혼 60주년, 회혼을 맞이하셨다. 가족모임 말미에 몇 장의 사진으로 1958~2018년의 60년 세월을 축약한 짤막한 동영상을 보여 드렸다. 팔순을 훌쩍 넘긴 21세기의 어머니가 20세기 중반의 젊고 무구한 자신을 다시 만나는 시간이었다.

흑백사진 속의 희고 긴 베일을 쓴 스물두 살 어머니는 붉은 입술을 곱게 물고 동그랗게 뜬 눈으로 카메라를 바라보고 있다. 그 눈빛은 결연한 것도 같고 놀란 것도 같다. 대학교 3학년이었다. '스타킹 한 짝 내 손으로 사 본 적 없었던' 스물두 살 어린 나이에 어떻게 그리 중대한 삶의 결정이 가능했는지 나는 늘 놀라웠다. 어머니 말씀으로는 다섯 살 손위의 젊은 아버지가 참 멋졌더란다. 당시로는 드물었던 이태리 식당에서 첫 데이트를 할 때, 포크와 스푼으로 돌돌만 스파게티를 깔끔하게 먹던 세련된 청년은 함께 구르며 자란 다섯 남자형제와는 전혀 다른 매혹적인 인류였다.

결혼은 영광스런 조상을 둔 자부심을 엄격한 가부장제 전통을 고수하는 것으로 체화한 확대가족으로의 편입을 의미했다. 집성촌을 이루어 살던 시댁에 가면 큰절 올리느라 하루가 모자랐다니, 도시에서 5남 1녀 고명딸로 자란 어린 신부에겐 낯설고 녹록찮은 신혼이었을 것 같다. 1년 후 학사모를 썼을 땐 만삭이었고, 어렵게 진학한 대학원은 육아와 가사, 내조의 의무와 책임으로 수료에 그치고 말았다. 어머니의 대학원 진학을 적극 응원했던 아버지도 아내의 사회활동이 요구하는 실체적 지원의 무게는 미처 계산하지 못하셨던 듯하다.

아버지가 박사과정에 진학하면서 어머니의 인생행로는 당신이 예기치 못했던 방향으로 진로를 바꾸게 되었다. 이미 3년 터울의 두 아이를 둔 어머니는 초등학교 교사로서의 삶을 시작하였다. 일-가정 양립이 쟁점일 수조차 없었던 1960년대, 20대 중반의 어머니는 아이들 엄마가 아닌 듯이 일하고, 직장여성이 아닌 듯이 육아와 가사를 '잘' 해내야 하는 고단한 시간 속으로 들어섰던 것이다.

결혼 10여 년 후, 신촌의 어느 주택 툇마루에서 이제 삼남매가 된 자식들을 품고 카메라를 바라보는 어머니의 눈빛은 사뭇 다르다.

성숙하고 결연해 보인다. 고향을 떠나 타지에서 어린 자녀들을 데리고, 여전히 기혼 직장여성에게 별로 친절하지 않은 세월을 살아내는 중이었다. 초등학생인 두 아이, 그리고 갓 유치원에 들어간 막내를 둔 어머니의 시선에는 혼인사진에서 보였던 호기심과 순진한 열정 대신 책임감과 약간의 애잔함이 읽힌다. 그 나이 겨우 서른 대여섯쯤이었을 것인데.

그 시절, 학교에서 퇴근한 어머니는 한시도 쉴 새가 없었던 것 같다. 보석반지를 끼고 모피를 어루만지기를 바랐던 외할머니의 바람과 달리 어머니의 예쁘고 날렵한 두 손은 늘 식재료나 대바늘을 동반하고 있었다. 어머니의 재빠른 손 덕에 우리 어린 시절의 먹거리는 화려했었다. 고구마를 튀겨 조청을 바르고 검은 깨를 묻힌 맛탕, 밀가루와 계란 한 두 개로 금방 튀겨 내었던 도넛, 흑설탕 조금 넣어 감칠 맛 나는 호떡……. 명절이면 '과자종합선물세트'를 주고받던 시절이었으나 어머니의 창의적인 간식 때문에 우리 남매의 입맛은 늘 풍요로웠다. 간식 솜씨는 음식 솜씨이기도 해서, 어머니는 몇 가지 안 되는 재료로 순식간에 그럴듯한 일품요리를 모양 있게 만들어 내곤 하셨다. 끼니마다 신선하게 조리된 새 음식이 상에 올랐고 어머니가 마음먹고 만든 소풍도시락을 열어 볼 생각에 소풍 길 내내 가슴이 뛰곤 했다.

어린 내 눈에 어머니의 손은 마술과 같았다. 초등학교 졸업까지 우리 삼남매의 겨울 패션에서 어머니의 손뜨개를 빠뜨릴 수 없다.

안방 반짇고리의 털실뭉치가 며칠 만에 따뜻하고 예쁜 스웨터로 변신하곤 했다. 목도리, 모자, 장갑, 조끼, 스웨터에 심지어 바지나 반코트에 이르기까지 대바늘 두 개가 날렵히 움직이면 만들지 못하는 것이 없었다. 겨울날, 웃자란 나의 스웨터 실을 풀어 난로 위 주전자의 뜨거운 김을 쐬어 다시 감던 기억이 선명하다. 맏딸인 나의 스웨터가 두 남동생의 옷으로 변신할 참이었다. 손뜨개 옷의 아플리케나 독특한 문양과 색감은 당신도 잘 몰랐던 어머니의 예술적 감성의 발현이었을 것이다. 익명성을 갈구했던 사춘기 초기의 우리에겐 그 독특한 색감이나 무늬가 불만이었지만……. 지금은 손뜨개 옷이 작품대접을 받지만, 초등학생 시절 우린 모두 그 따뜻하고 정성 가득한 엄마표 뜨개질 옷 귀한 줄 모르고 기성복 입기를 소원했었다.

어머니는 내가 중학교에 진학하면서 10여 년의 교사생활을 접었다. 30대 중반의 젊은 나이였으나 건강이 좋지 않았고, 무엇보다 교사직이 어머니에게는 큰 성취나 의미가 없었던 것 같다. 어머니의 이른 은퇴를 많은 사람이 말렸으나, 당신 자신은 그 결정에 단호하였다. 어머니의 물리적 부재를 겪는 삼남매에 대한 미안함과 함께 기회를 놓치면 영영 그만두기 어려울 것 같은 위기감 때문이라고 말씀하셨다. 후일, 대학교수로 봉직하는 나에게 어머니는 어리고 힘들었던 당신의 교사 시절, 제자들에게 더 좋은 선생님이 되어 주지 못했다는 후회를 토로하셨다. 사명감 없이 교단에 서게 되었고 학생들에게 충분한 관심과 시간을 투자하지 못했다는 자괴감 때문에 교사로서의 자신에게 점수를 박하게 매기셨다. 진정한 후회는 지혜로 거듭난다. 어머니는 늘 자식과 손자녀에게 "회의를 느끼더라도 자신이 처한 상황에서 최선을 다하면 언젠가 뜻밖의 시간과 장소에서 보상을 받게 된다."라고 조언하셨다.

돌이켜 보건대, 어머니의 20~30대는 주어진 역할에 떠밀리며 숨 돌릴 틈 없이 열심히 살아야 했던 시간이었다. 자식들은 사소한 일에 불평하고, 너무 당연하게 누리느라 어머니의 헌신도, 또 과중한 돌봄노동의 피로도 눈치 채지 못했다. 사람들은 어머니의 손에서 탄생한 많은 결과물을 칭송하면서도 곧잘 그것이 풀-타임 직장 여성의 '세컨드 시프트'(Hochschild & Machung, 1990)에 의한 성과임을 잊곤 했다. 그러나 어떤 일을 잘 해낸다는 것이 반드시 그 사람에게 의미와 가치가 있는 일이어서만은 아니라는 것을 나도 나이가 들어서야 알게 되었다. 우리는 필요해서, 요구받기 때문에, 때로는 주변의 기대 때문에 잘 해내려고 애쓰곤 한다. 정말 자신이 원하는 일인지는 생각할 겨를도 없이…….

퇴직 후, 어머니의 손은 더 바빠졌다. 우리가 교복을 입게 되면서 손뜨개는 곧 코바늘 레이스 뜨기로 옮겨 가 피아노와 식탁, 커피 테이블을 비롯한 가구 집기가 어머니가 만든 레이스로 덮였다. 더 이상 레이스가 필요하지 않게 되자 겨우 중학생이었던 딸의 혼수 레이스를 뜨기도 하셨다. 레이스 뜨기 시대가 저문 뒤에도 어머니의 손은 새로 시작한 자수와 전통 매듭으로 바빴다. 색색의 수실로 얌전하게 놓은 동양자수 작품들이 액자에 담겨 벽에 걸렸고 옥이나 칠보를 꿰어 거느린 다양한 전통매듭으로 집안이 가득 찼다. 한동안은 아파트 정원에서 기른 조롱박을 잘 말려 밑그림을 그리고 니스 칠을 해서 전통매듭으로 묶은 소품을 수없이 만들기도 하셨다. 나비와 포도송이가 니스 칠 아래 곱게 반짝이고, 옥구슬을 꿴 전통매듭이 달린 바가지는 아마 전국에서 가장 화려한 쌀바가지가 아니었을까…….

40대의 어머니는 늘 무엇엔가 목말랐던 것 같다. 10여 년의 교사생활을 접고 선택한 전업주부생활이 평화롭기는 해도 충만하지는 않았던 것일까. 비 오는 날, 또는 추운 겨울날 출근을 서둘러야 할 필요도, 퇴근이 늦어질 때 심장이 옥죄던 불안도 느낄 필요가 없어 좋다고 하셨지만, 어머니는 자주 몸이 아팠고 만성적으로 피로했으며 잠을 잘 주무시지 못했다. 평생 강의실과 실험실, 외국학회 나들이로 당신을 정의하셨던 성실하고 꾀까다로운 아버지의 내조와, 차례로 고등학교, 대학교 진학을 앞둔 삼남매의 뒷바라지 사이에서 어머니는 조금씩 빛이 바래 가는 느낌이었다. 어머니 자신도 충족되지 않는 열망의 정체를 잘 모르셨던 것 같다.

40대 후반부터는 새로운 돌봄노동이 어머니의 몫이 되었다. 맏딸의 산바라지를 하시고, 아버지와 의논 끝에 딸의 유학생활이 자리가 잡힐 때까지 손녀를 키워 주기로 하셨다. 아버지도 동의하셨지만, 어머니는 분명 첫 딸을 낳고 포기할 수밖에 없었던 당신의 젊은 시절의 꿈을 떠올리셨을 것이다. 막내아들의 대학입시가 있던 해여서 돌봄노동이 거의 마무리되던 시점이었는데, 마흔아홉에 덜컥 손녀를 맡아 원점으로 회귀한 셈이었다. 1년 6개월 동안 어머니는 종일 아기를 키우는 벅찬 노동으로 아플 틈도 없었다. 그래도 손녀의 첫 눈맞춤, 첫 미소, 첫 옹알이와 첫 발걸음은 순수한 기쁨이었다. 손녀를 제 부모에게 보낸 후, 부모님의 상실감은 감히 상상하기 어려운 것이었다. 이후 십 년간, 어머니는 두 아들을 결혼시켜 며느리와 손자들을 보셨으며, 연로하셔서 자식들이 있는 서울로 거처를 옮긴 외할아버지와 외할머니를 돌보면서 마음을 상하기도 하셨다. 바빴지만 충만하지 않았고 자주 아프고 불면으로 힘든 시간이었다.

어머니가 당신만의 방황을 거두고 정착한 곳은 그림이었다. 어머니는 아버지가 은퇴하시던 해, 당시 유행하기 시작했던 백화점 문화센터의 유화기초반에 등록하셨다. 아버지 서재에 도서관에서나 봄직한 두 겹의 철제 미닫이 레일 책장이 설치되고, 출퇴근 뒷바라지가 필요 없어지자 어머니의 외출이 정기화되었다. 환갑이 되시던 해였다. 어머니가 처음 유화를 시작했을 때, 가족들은 크게 의미를 두지 않았다. 다만 정기적인 외출과 새로운 경험이 연로한 친정 부모님 돌봄과 자신의 만성화된 고혈압과 신장질환의 시름을 잠시 잊게 하여 건강에 도움이 될 것이라고 생각했다. 거기까지였다.

그런데 어머니의 선택은 뜨개질, 레이스 뜨기와 전통매듭, 자수,

조화 만들기, 양재를 거치는 긴 미로 끝에 마침내 도달한 목적지가 되었다. 시간이 가면서 어머니의 모든 생활이 그림을 중심으로 재구성되었다. 어머니는 이제 더 이상 몸이 아프다는 호소를 하지 않게 되었고, 좋은 옷과 가구 소품에도 관심을 두지 않았으며, 이웃이나 동창, 친척 사이의 가십에도 초연해졌다. 내가 친정에 가면 유화 페인트가 묻은 두터운 작업 에이프런을 걸치고 캔버스 앞에서 시간을 잊은 어머니를 만나게 되는 일이 잦아졌다. 어머니는 문화센터 학기를 몇 번 연장한 후, 기성화가 화실의 문하생이 되고 한 시간 이상의 운전이 필요한 개인레슨을 마다하지 않았다. 20년간 기라성 같은 기성화가 여섯 분의 화실 문화생이 되어 작품을 제작했고, 덕분에 문외한이던 가족들도 그림에 관심을 갖게 되었다.

풍경화와 정물화로 시작한 주제는 10여 년이 지나면서 노령과 여러 다른 이유로 스케치 여행에의 합류가 어려워지자 정물화로 특화하였다. 그중에서도 빛이 비쳐 드는 와인글라스와 몇 알의 검붉은 체리, 영롱한 청포도가 다양한 구도와 색감으로 진행된 'Celebration(행복한 시간)' 연작이 주목받게 되었다. 서울아트페어에 출품작가로 선정되어 전시한 몇 점의 '행복한 시간' 연작에 대해 문하생들과 투어하던 유명화가가, "투명한 와인글라스에 비친 사물은 작가의 삶에 대한 따뜻한 시선을 빛과 투명한 유리를 여과하여 관조적으로 보여 준다."라고 해설하였다. 작가가 뒤에 있는 줄 모르는 화가의 설명에 어머니는 소녀처럼 볼을 붉히며 기뻐하셨다.

사사한 기성화가들은 어머니의 독특한 색감을 특히 칭찬하며 높은 연세에 비해 감각이 젊다고 입을 모았다. 어머니의 작품에는 편안하고 안온하여 지친 육신과 피곤한 마음을 무장해제시키는 힘이 있다. 건강악화나 집안 일로 붓을 놓아야 했던 때도 있었고, 작품이 생각처럼 진행되지 않는 불면의 밤도 있었으며, 실력에 비해 비전공자나 고령이라는 이유로 배제되었다고 느낄 때의 좌절도 있었지만 이 모든 것을 아우르는 긍정적 에너지와 삶의 기쁨이 충만하다. 기본적인 공감력, 호기심, 적극성과 따뜻한 시각이 그림 전체에 배어 있다. 어머니의 인생이 늘 평화롭지는 않았으나, 당신의 솔직하고 유연하며 따뜻한 품성이 대상을 포근하게 조망하게 하는 것이다.

작품제작 중 좌절과 고민을 말씀하셨을 때, "취미로 하기로 한 거니까 스트레스 받지 마시고 마음을 비우세요."라고 했던 딸의 충고가 사실은 서운하셨을 것 같다. 지금 어머니는 이미 화력(畵歷) 23년의 프로페셔널이시기 때문이다. 두 번의 개인전과 십 수차례의 그룹전, 서울아트페어 · 여성작가회 · 지역미술협회의 선정작가전, 해외전시, 기업체의 초청전시 그리고 대한민국미술대전 입상을 지나 내년에는 세 번째 개인전을 준비 중인 어머니시다. 대한민국미술대전(국전) 입상만 하면 붓을 내려놓겠다고 하시더니 입상 후 5년째, 여전히 전력투구 중이시다.

내가 철들면서 기억한 어머니 모습 중 현재의 어머니가 가장 건강하고 행복하며 에너지가 넘쳐 보인다. 사실 어머니는 고혈압 외에도 신장에 문제가 있어 정기적으로 혈액과 단백뇨 등을 체크하면서 복약 중이고, 70대 말에는 신장 문제가 심각해져서 스테로이드 호르몬 치료를 받다가 부작용인 문페이스 증후군도 겪었다. 치료가 끝나자, 근육 소실로 척추관협착증이 심해져서 78세에 등을 열고 8개의 나사못을 박는 대수술도 했다. 그 때문에 좌식생활이나 등을 구부리고 펴는 일이 부자유스러우며 면역력도 약한 편이시다. 백내장 수술도 하셨고, 붓을 들고 오랜 시간 그림을 그리다 보니 손목 터널 증후군으로 두 번이나 수술을 하셨는데, 이 모든 일이 최근 10여년 사이에 진행되었다. 고령에 원래 면역력이 약해 가족들은 걱정을 많이 했으나, 어머니는 오히려 과학기술 덕에 당신이 사이보그(인조인간)가 되는 중이라고 농담하시는 여유마저 있다.

일생의 대부분을 아날로그 그 시대에서 살아오셨던 어머니는 칠순 연세에 컴퓨터를 배워 디지털 시대에 입문하였다. 작품에 필요한 정보도 얻고, 당신의 작품을 찍어 보관하고, 슬라이드 주문을 하거나, 그룹전시회를 위해 이메일을 쓰기 위해서다. 구청의 시민강좌에 등록하여 스마트폰 이용법을 익혀 중장년의 자녀와 손자녀에게 하트와 이모티콘을 뿅뿅 날리신다. 가끔은 동영상이나 음악을 첨부해 보내기도 하신다. 친구분들과 단톡방을 통해 모임도 계획하고 서로 안부도 나누신다. 이런 활동은 그림 그리기를 더 열심히 잘하기 위한 노력의 연장선인데, 타고난 탄력적 성정이기도 하지만 강인한 의지도 필요한 일이다. 은퇴 후 자신의 정체성을 찾고 일과 여가활동을 영위하여 제2의 전성기를 가져올 수 있다는 새들러(Sadler, 2001)의 서드 에이지(Third Age) 모델의 실현을 보는 것 같기도 하다. 어느덧 나도 어머니가 그림을 시작하셨던 나이에 도달했다. 아직은 일에 치이느라 정신이 없고 다가오는 은퇴 이후에 대해서는 막연한 불안감 외엔 준비된 것이 없다. 어머니는 노년기에 진정한 자신을 발견하셨는데, 일을 정체성으로 삼았던 나는 은퇴 후 어떤 다른 정체성을 찾을 수 있을지 가끔 막연히 두려워진다. 이런 내게 무엇이 되었든, 어머니는 노년기 인생이 얼마나 창의적이고 열정적일 수 있는지 보여 주시는 산 증인이시다.

회혼식에 틀었던 동영상의 마지막 사진을 본다. 작년 이른 봄, 속리산 법주사 들어가는 계곡 길에서 내가 찍은 어머니 독사진이다. 아침 햇빛 한줄기 찬란하게 휘어져 내려앉은 나무 사이에서 카메라로 사진을 찍는 중이시다. 작품 재료를 마련하느라, 좋은 구도와 빛을 담으려고 진지한 눈빛으로 전경을 바라보고 계시다. 오롯이 홀로인데도 어머니는 앵글을 꽉 채운다. 스물두 살에서 여든세 살의 긴 여정에서 어머니는 더 단단해지고 많이 행복해진 모습이다. 지금 사사 중인 화실의 교수님이 '3년만 젊으셨더라면' 더 많은 프로젝트 참여를 제안했을 거라고 말했을 때 어머니는 "아직 3년 더 끄떡없어요."라고 화답하셨단다. 어머니는 "나는 지금의 내가 정말 좋아."라고 고백하신다. 83세의 지금, 가슴 벅찬 열정의 대상을 찾아 일말의 회의 없이 열중하고 즐길 수 있어 감사하다고, 지금이 당신 인생의 전성시대라 선언하신다. 오늘도 4륜구동 SUV차량에 물감통과 이젤, 캔버스와 붓을 가득 싣고 비록 노안(老眼)이 시려서이긴 하지만 선글라스에 머플러를 휘날리며 길을 나서는 놀랍고 사랑스런 1937년생 우리 어머니!

참고문헌

Hochschild, A., & Machung, A. (1990). *The Second Shift*. New York: Avon Books,

Sadler, W. (2001). *The Third Age: Six Principles Of Growth And Renewal After Forty*. New York: Da Capo Lifelong Books.

어디서 누구와 함께 살 것인가

신영화

어머니, 평생 가족을 돌보다

50대 중반을 넘으면서 지인을 만나면 부모님은 안녕하신지 안부 묻기가 바쁘다. 지난 주말에 참석한 결혼식에서 혼주에게 축하한다는 말을 건네면서, 연이어 치매를 앓고 계신 어머님은 안녕하신지를 물었다. 혼주는 형제들과 교대로 홀로 계시는 어머니 곁에서 밤 시간을 지키고 있다. 피로연의 8인용 식탁 가득 모인 친구는 이구동성으로 부모님께서 하늘의 부르심을 오늘내일 하신다고 걱정한다. 아니나 다를까 다음날, 나는 집 근처 장례식장에서, 남편은 멀리 제주도의 장례식장에서 친구 부모님의 가시는 길을 배웅하였다. 시대가 만혼 또는 비혼이 대세인지라 아이들 결혼식에 갈 일은 드물어도,

부모님 장례식 가는 일은 다반사다. 나 역시 어머님께서 이번 여름을 넘기실 수 있을까 걱정했고, 이제는 언제든지 우리 곁을 떠나실 수 있다는 확신에 지난 윤달 한여름에 선산을 정비하였다.

아버지는 50대 초반에 당뇨를 진단받고 약 15년간 투병을 하시다가 합병증으로 돌아가셨다. 80년대 초 당시 당뇨병은 암과 같았다. 당뇨병을 대하는 아버지의 대처는 동서양의 의약, 민간요법 등 좋다는 것은 다하는 것이었다. 약물, 운동, 섭식의 삼위일체에 나름 최선을 다하셨다. 그런데 자식의 눈으로 볼 때, 이 세 가지 말고 또 하나 중요한 것이 바로 마음의 평화다. 아버지께서는 다 열심이었지만, 평생 부지런하고 매사에 열심인 나머지 마음의 평화는 뒷전이었다. 깊은 밤 마당에 나와 서성이고, 잠자리를 뒤척이며 일 걱정, 자식 걱정을 하셨던 기억이 난다. 어쨌든 아버지는 어머니의 수발을 받으시면서 집에서 돌아가셨다. 장례식도 집에서 치렀다. 말년에 병원에 통원하기 쉽도록 시골 살림을 다 정리하시고, 전주로 나와 생애 처음으로 아파트에서 살다가 돌아가셨을 때는 아파트 옥상에서 조문객을 맞이했다. 그마저 20세기에나 가능했던 일이다.

우리 나이로 95세 어머니가 요양원생활을 하신지 어느새 9년째 들어선다. 어머니의 생애를 거슬러 보면, 일제강점기에 전라북도 '위도'라는 섬에서 태어나 자라, 같은 마을에 사는 성실한데다 잘생기고 똑똑하여, 젊은 나이에 자수성가한 아버지를 만나 아랫마을에서 윗마을로 시집을 갔다. 스물도 안된 낭랑 18세 어머니는 시부모두 분과 남편, 시동생 둘, 시누이 둘을 봉양하고 키우면서 맏며느리로 큰살림을 시작하셨다. 어머니의 기억을 더듬으면 여덟 살 어린 나이에 이미 동네에서 가마솥 밥을 잘한다는 소문이 자자했다고 하니, 사람을 먹이고 재우고 돌본 경력이 생애 내내라고 해도 과언이 아니다. 지금도 나는 어머니를 보면 안아 달라고 안달이다. 어머니의 시원하고 따뜻한 등 두드림은 지친 내게 큰 위로가 된다.

아버지가 돌아가시고, 얼마 되지 않아 사업이 기운 작은아들네가 어머니 집으로 들어왔다. IMF 즈음하여 아버지가 남긴 마지막 집이 남의 손으로 넘어갔다. 하루아침에 오갈 데 없어진 어머니는 오형제 중 넷째이며 둘째 딸인 우리 집으로 오셨다. 어머니는 나이 74세에도 아직 정정하셔서 늦깎이 공부와 강의로 동분서주하는 나와 아직 돌봄이 필요한 우리 아이들에게 마음 든든한 어른이었다. 이듬해 75세에 평생 정갈하고 얌전한 어머니는 싫다고 손사래 치셨지만 이웃집 할머니의 끈질긴 권유로 경로당 나들이를 시작하셨다. 이로서 평생 집안에서 식구들을 돌보며 살아온 우리 어머니의 집 밖 세상살이가 시작되었다.

지팡이를 의지 삼아 경로당 나들이를 가다

직장이 지방인지라 주중에 집을 비우는 내게는 경로당에서 제공하는 점심 한 끼가 한숨을 덜어 주었다. 집 떠나 있으면서 식구들이 출타하면 홀로 하루 종일 집에만 계시는 어머니가 항상 걱정되고 죄스러웠기 때문이었다. 이사를 하면서 어머니는 경로당 세 군데를 옮기셨다. 65세에 허리 수술을 하셨지만 나이가 들면서 걷고, 서 있기가 힘들었던 어머니는 80세가 넘자 경로당 다니는 길이 고통스러울 정도로 힘이 드셨다. 열 걸음마다 한 번씩 주저앉아 쉬어야 했다. 다행히 경로당 가는 길에 건물 입구 턱이나 상인들이 내놓은 의자가 있으면 앉아 쉴 수 있었다. 젊은 내가 5분이면 가는 길이 30분 넘게 걸렸다. 어떤 날은 도중에 사기꾼에 속아 아버지가 선물한 굵은 순금반지를 뺏기기도 했고, 망막박리로 눈이 어두워 흐린 날에는 경로당 가는 길을 놓치기 일쑤였다. 짚고 다니는 지팡이를 몇 개나 새로 갈았고, 비가 오는 날 집 앞 건널목을 건너다가 지팡이가 미끄러져 6차선 도로 한가운데서 주저앉기도 하셨다.

집 앞 건널목에 접한 약국은 참 좋은 이웃이었다. 경로당 오가는 길에 방앗간처럼 들려 잠시 앉아 아픈 허리와 다리를 쉬고, 덕담을 나누셨다. 대략 10년간 세 군데 경로당을 옮겨 다시면서 경로당 회장님과 회원들, 오가는 길에 의자를 제공하고 이야기를 나눈 상인들, 노상에서 야채를 팔며 말벗을 해 주던 할머니, 약국의 약사님 그리고 성당 은빛대학 봉사자와 레지오 단원들 모두 어머니의 나들이 길에 함께한 고마운 이웃이었다.

어머니가 집 앞 건널목에서 세 번이나 넘어지시면서 나는 경로당 나들이 길의 위험과 심각함을 받아들였다. 더 이상 경로당 나들이가 어머니 삶에 활력을 준다고 주장할 수 없었다. 다행히 마침 장기요양 보험제도가 시작되어서 어머니는 장기요양심사에서 재가 3등급을 받고 동네 노인복지관 주간보호센터에 다니기 시작하셨다. 처음에는 대학생 손녀딸이 할머니의 아침식사와 복지관 버스 탑승을 돕고, 오후에는 아파트 경비 아저씨께서 복지관에서 돌아오는 버스에서 내리시는 것을 도왔다. 저녁식사는 옆 동네 사는 언니가 달려와 챙겼다. 9시까지 야간연장보호가 도입되서야 언니는 저녁식사 도우미 역할로부터 벗어났다. 딸이 취업하면서 요양보호사가 집에 들러 모셔 가고, 밤에는 아파트 경비 아저씨가 집까지 모셔다 주셨다. 하지만 거의 열두 시간 이상을 주간보호센터에서 지내야 하는 어머니의 피곤함과 힘들다는 호소가 날로 늘었다. 어머니의 지친 모습에 나의 미안함과 죄송함이 깊어 갔다.

어머니 생애의 마지막 큰집, 요양원으로 이주하시다

그러던 어느 날 주간보호센터 퇴원 길에 신발을 신다가 주저앉으신 어머니는 더 이상 혼자서 걸을 수 없게 되었다. 그렇게 해서 8년 전 어머니는 장기요양시설 3등급을 받고 요양원생활을 시작하였다. 아마도 어머니 생애 마지막 집이 될 요양원은 어머니의 생애와 정서에 맞는 곳을 선택했다. 어머니는 섬에서 태어나 학교 문턱에도 가지 못하셨고, 농촌에서 청년, 중년, 장년 동안 농사를 지었으며, 노년에 도시생활을 시작하셨다. 종교생활은 딸을 따라 80세가

다 되어 성당을 한 5년간 다니면서 '로사'라는 예쁜 세례명을 얻고, 열성적인 기도모임인 레지오 단원활동을 하셨다. 그럼에도 어머니의 깊은 영성이 토속신앙에 기초했음을 우리 가족 모두가 인정한다. 아침에 눈을 뜨면 자손들을 위해 기도하는 것으로 하루를 시작하고, 한 달에 한 번은 신부님, 수녀님의 방문으로 미사에 참여하신다. 어머니가 계신 요양원은 도시 외곽 면 단위에 있다. 시설 현관을 나오면 산책할 수 있는 넓은 정원이 있고, 정원에 꽃나무와 감나무, 대추나무 등 유실수가 많다. 정원 한편에는 돌절구가 있고 논밭이 보인다. 요양원에 함께 계신 어르신 대부분이 그 동네에서 소박한 삶을 사신 분들이다. 장년기까지 농촌에서 농사를 지었던 어머니의 생애 기억을 되살리고 삶을 지속하는 데 이보다 더 좋을 수가 없다.

처음 요양원에 모실 때 어머니의 요양원생활이 이렇게 길어질 줄은 가족 누구도 생각하지 못했다. 근처에 있는 나를 비롯한 삼남매가 1주일에 한 번씩 방문하고 멀리 사는 형제는 형편 되는 대로 어머니를 찾아뵙고 있다. 우리 집에 머무실 때보다 형제 사이의 관계는 더 좋아졌다. 다섯 형제 중 막내에 가까운 넷째, 그것도 딸네 집에 어머니가 머무는 상황은 가부장제 문화에서 어느 누구에게도 편치 않았다. 형제들 입장에서는 자주 방문하지 못하고, 돕지 못하는 것 자체가 마음으로 부담이 되었다. 오히려 어머니가 우리 집을 떠나 요양원이라는 공적 공간에 계시면서 각자 편한 대로 어머니를 방문하면서 형제는 당당해졌다. 나 역시 집에서 모시지 못해 죄스럽고 안타깝지만, 우리 가족생활이 안정적으로 되고, 어머니도

삼시 세끼 편안하고 안전한 돌봄의 공간에서 생활하시니 다행이다. 긴 침대생활 탓인지 지난해 초부터 부쩍 식사량이 줄어들면서 거의 뼈만 남은 어머니를 뵈면 안타깝기가 이루 말로 다할 수 없다. 가시는 날만 알 수 있다면 1주일이라도 집으로 모셔 어머니와 마지막 시간을 함께 보내고 싶은 것이 못난 자식의 심정이다.

나이 듦과 돌봄의 공간복지, 누구나 건강하게 정든 곳에서 나답게 나이 들기

현재 노년기로 들어서는 베이비부머 세대는 우리 어머니와는 완전히 다른 고령기를 살아갈 것이다. 어머니 세대는 자식만 바라보다가 자신의 의지와 상관없이 복지국가 수급자가 되었다. 홀로 사는 노인보다 자녀와 함께 사는 노인이 요양원이나 요양병원에 더 많이 입소하고 있는 것이 그 증거다. 미래의 노년은 건강이 허락하는 한 활력적인 삶을 살고, 자신의 의지에 따라 계획한 공간에서 나이 들고, 돌봄의 방식을 선택할 것이다.

『누구나 혼자인 시대의 죽음』의 저자인 우에노 치즈코(2016)는 살던 집에서 가정방문요양 서비스를 받으며 생을 마감할 것을 권한다. WHO(2007)의 고령친화도시 가이드(Global age friendly cities guide) 역시 활동적인 노화와 계속 거주를 실천하는 도시를 권장한다. 연령에 상관없이 누구나 살기 좋은 지역사회, 태어나서 살다가 죽는 평생을 위한 지역사회가 가능한지 우리 동네를 돌아본다.

활동적인 노화(Active Ageing)란 노인의 삶의 질 향상을 위해 건강과 참여, 안전의 기회를 최대한 활용하는 과정이다. 활동적인 노화를 결정하는 요인에는 건강 및 사회 서비스, 경제적 · 사회적 · 행동적 · 개인적 요인 그리고 물리적 환경이 있다. 이 중 물리적 환경은 노인의 일상을 위한 주거환경과 지역사회 내에서 노인들이 안전하고 편리하게 접근하여 쾌적하게 이용할 수 있도록 하는 근린 및 커뮤니티 공간, 복지 및 공공 공간, 작업(취업) 공간, 도로 및 교통환경 등을 포괄적으로 아우른다.

계속 거주(Ageing In Place)는 이러한 활동적 노화를 위한 물리적 환경을 바탕으로 적절한 사회적 서비스의 지원과 연계를 포함한다. 신체적 · 심리사회적으로 노화가 진행 중인 노인이 지금까지 생활하던 지역사회에서 이동하지 않고 현재의 삶을 유지할 수 있도록 물리적 환경의 개선 및 사회적 서비스가 지원되는 것을 의미한다. 노인의 활동적 노화를 위한 개입으로, 국내에서는 주로 외로움 및 식생활 문제에 집중하여 지역 복지관의 김치 및 밑반찬 배달 서비스나 지자체의 독거노인과 함께 시간 보내기, 위급상황 감지센서 설치를 통한 자동신고 시스템 등을 운영하고 있다. 이러한 사업은 거동이 불편하거나 바깥 활동이 자유롭지 못한 노인들에게 기본적인 생활을 지원한다. 바깥 활동이 가능한 노인에 대한 사회정서적 네트워크 형성과 다양한 활동은 주로 외부 공간을 기반으로 이루어진다. 따라서 거동이 독립적인 노인을 위한 지역사회 공간과 시설에 대한 재구성이 필요하다.

정든 곳에서 살다가 나답게 생애 마감하기를 돕는 공동체

서울 마포구 성미산 일대는 2000년 초에 공동육아에서 시작한 생활협동조합이 활발한 곳으로 유명하다. 생활협동조합 초기는 건강하고 안전한 먹거리와 육아 문제에 관심을 가지고 마을 사람들이 함께 공동으로 대처하는 것에서 출발하였다. 시간이 가면서 아이들이 커가고, 회원들은 중년이 되면서 부모의 노화에 따른 돌봄 문제가 제기되었다. 고령화와 돌봄 문제를 함께 공부하던 회원들을 중심으로 생활응원사업 차원에서 장기요양 보험제도의 틈새를 메우는 틈새돌봄이 시작되었다. 틈새돌봄이란 장기요양 보험 수급자 심사에서 등급 외로 요양 서비스를 받지 못하는 다양한 경우를 공동으로 대처하는 것을 말한다. 요양등급 외, 혹은 병원 퇴원 후 일시적인 돌봄이 필요한 경우, 무기력한 노인, 긴급한 상황이 발생한 경우 등 공적 복지제도의 급여범위를 벗어나, 바쁘고 취약한 현대가족이 감당하기 어려운 돌봄의 사각지대를 돌봄회원들이 공동으로 대처하는 틈새 서비스다.

나이 듦과 돌봄을 마을이나 공동체가 협동조합으로 공동대처하는 사례는 영국과 일본에서 흔하게 발견할 수 있다(김영란, 송치선, 이철선, 2013). 노인들만 남은 오래된 지역사회에서 자신들이 가진 기술이나 자원을 등록하고 나누는 방식이다. 집이나 설비를 고치는 기술을 가진 노인, 전기수리 기술을 가진 노인, 요리를 잘 하는 노인, 교사 경력을 가진 노인, 남는 방이 있는 노인 등 자신의 기술이나 경력, 자산을 협동조합에 등록하고 함께 나눠 어려움을 헤쳐나가는 것이다. 최근 일본에서 인구소멸 위기에 처한 마을에서 마을 전체를 호텔로 재구성하여 마을과 마을에 살고 있는 노인들의 삶에 활력을 불어넣은 사례가 바로 그것이다.

협동조합이 지원하는 틈새돌봄은 공동체 운동과 공유경제의 한 형태다. 최근에는 협동조합방식을 벗어난 다양한 공유플랫폼을 통해 서로 상황이 맞으면 매칭하여 자원과 서비스를 공동으로 해결하는 생활방식이 나타나고 있다. 베이비부머 세대를 넘어 지금의 20~30세대 등 미래의 노년들에게는 정체성이 중요하다. 내가 원하는 곳에서 나답게 살기 위해서 자신을 돌아보고, 손을 벌려 이웃이 누구인지, 우리 동네는 내가 나이 들어 노화와 장애를 가지고 살만한 곳인지 돌아보자. 그리고 손 놓고 있지 말고, 원하는 것을 인식하고 주장하는 동네 사람으로 살아 보아야 할 것이다.

참고문헌

김영란, 송치선, 이철선(2013). 지역연대에 기초한 노인 1인가구 돌봄지원 방안-노인돌봄공동체 사례를 중심으로-. 한국여성정책연구원.

우에노 치즈코(2016). **누구나 혼자인 시대의 죽음**. (송경원 역). 서울: 어른의 시간.

World Health Organization. (2007). *Global Age-friendly Cities: A Guide*. Geneva: WHO Press.

두려움과 무모함의 사이에서

신영화

아직 젊은 나

내 외모를 아직 50대 초반, 심지어는 40대 후반으로 봐 주는 너그러운 주변 사람들, 특히 친구들 덕분에 나이를 잊고 산다. 남들이 말하는 젊다는 표현을 역설적으로 '당신 늙었지만 실망할 정도로 늙지는 않았다'는 위로로 받아들이는 지혜 아닌 지혜도 때론 필요하다. 여자 친구들은 만나자 마자 아름다운 덕담을 먼저 나누는 것이 어느새 '10분 에티켓'이 되었다. 모임장소에 들어서면 서로를 위로하듯이 한 10여 분은 아직 곱다느니, 어쩌면 10년 전이나 똑같다느니, 볼 때마다 더 젊어졌다느니 입에 침이 마르도록 이야기하면서 한바탕 웃는다. 나이가 들면서 세월을 정지시킬 수 있는 비결은 아마도 또래의 아량과 침침한 눈 덕분일 것이다.

중년 남자들이 사회적 지위의 상실을 두려워하는 반면에 중년의 여자들은 외모와 건강의 상실을 두려워한다. 우리 어머니 시절부터 여성들에게 있어서 상부상조의 원조는 계모임이었다. 이 시대를 살아가고 있는 여성들은 과거의 어머니들이 남편과 아이들의 뒷바라지를 위해 계모임을 하였던 것에 반해 자신의 외모를 갱신하기 위한 피부과 시술을 위해 계를 들고, 가깝게는 동남아시아, 멀리는 유럽, 북미, 남미 등지로 날아가기 위해 여행계를 든다. 푼돈을 모아 외모를 가꾸고 가꾼 외모와 건강을 빌어 멀리멀리 좀 더 먼 나라로 여행을 떠난다. 남편들의 표현에 따르면 여행 못 간 귀신이 쓰인 것처럼 악착같단다. 여자는 집을 떠나야, 한국을 떠나야 비로소 가족을 돌보는 책임으로부터 면제가 된다.

동안 피부를 위해 밤낮으로 수분크림을 정성껏 바르지만 하루하루 세월의 침입을 막아내기는 쉽지 않다. 50대 초반까지는 세월을 모르쇠하기가 그리 어렵지 않았건만, 중반을 넘어서서 회갑을 향해 가는 길목에서는 어느새 힘이 부친다. 머리카락만 해도 40대에는 1년에 두 번 정도만 염색을 하면 되었던 것이 어느새 두세 달에 한 번, 한 달에 한 번으로 점차 주기가 짧아졌다. 염색의 부작용도 만만치 않다. 우선 피부가 알레르기 반응을 하며, 눈부심이 증가하고, 모발의 굵기가 가늘어진다. 드디어 최근에 와서는 나이가 들었음을 인정하고 언제쯤 흰머리를 드러낼지를 고심한다. 소중한 내 몸을 생각하여 슬슬 희끗희끗한 이마 주변과 정수리를 못본 척하며 지낸다. 게다가 이제는 어딜 가나 '아줌마' 하고 부르면 나를 부르나 싶어 되돌아보는 인정머리가 생겼다. 50대 중반을 넘어서면서 나 자신의 변화로 가장 크게 와 닿는 것은 '담담함'이다.

나이 들어 가는 나

안 그래도 잘 보이지 않는 고도 근시와 난시의 시력에 40대 중반 처음 원시까지 찾아왔을 때, 나이 듦은 당황스럽고 신기하기조차 했다. 나보다 2년에서 5년 터울이 진 선배들의 나이 듦 경험에 맞장구를 하도 쳐서 한 선배로부터 "아직 젊은 당신은 왜 이리 빠른 거야." 하고 한 소리를 듣기도 했다. 중년으로 접어드는 10년 동안, 내 온 몸은 아프다고 아우성을 쳤다. 하루에 행정구역 두세 곳을 들락거리던 체력은 어디로 갔는지 일을 처리하는 속도가 느려졌다. 주제 하나만 던져 주면 하루 종일 강의를 하던 머리는 어디로 사라졌는지, 강의 도중에 단어가 블랙홀로 사라져, "있잖아요. 그게 뭐죠?"라고 청중들에게 단어를 묻고, 이야기하던 주제를 잊고 오리무중에 빠지는 일이 잦아졌다. 했던 이야기를 반복하지 않는지 걱정이 되어, "제가 지난번에 했을지 모르는데……." 하고 먼저 방어막을 치는 습관이 생겼다.

그런 내가 올해 들어서는 부쩍 '나이가 든 나의 경험'을 대놓고 이야기하여 스무 살 젊은 학생들을 당황스럽게 하고 있다. 가요 '백세 인생' 덕분인지, 아흔다섯 살의 노모가 나이 듦을 전혀 부끄러워하지 않음을 일찍이 보아선지 요즘 들어 나이 듦을 받아들이고 있다. 내 스무 살에는 대학 졸업 이후에 대해 아무런 아이디어조차 없었는데 말이다. 얼마 전까지도 나의 입장은 세상살이에 대한 완전한 분석과 대비만이 불완전하고 불안전한 세상을 살아가는 방책이었다. 우리 아이들뿐만 아니라 학생들에게도 최선을 다해 가장 잘할 수 있는 일을 선택하여 준비하고 노력하라고 채근했었다. 그런 내가 '그래, 그렇게 좋아하는 것이라면, 또는 그럴 수밖에 없다면 한번 가 보자.' 하는 생활태도를 갖게 되었다. 나이 듦은 내게 어쩔 수 없음을 받아들이는 자세를 허락하였다.

아무도 가지 않은 길에 서다

어느 날 갖은 노력을 하여 국내 굴지의 대기업에 취업했던 제자가 직장을 그만두고 이태리로 건너가 수제 구두 만드는 교육과정에 있다며, 불안하지만 세상을 다 가진 듯 행복한 얼굴로 찾아왔다. 내가 진행하는 교양수업 '행복학' 시간에 이 제자를 초대하여 자신의 '진로 선택과 행복'이라는 주제로 잠시 이야기를 나누었다. 제자는 뜨거운 열정, 적잖은 불안, 그럼에도 선택했기에 나아가고 있는 자기 이야기를 하였다. 학생들의 반응은 뜨거웠고, 그의 선택을 부러워하였다. 우리는 아무도 가지 않은 길을 선택한 타자의 삶에 흥분하고 응원한다.

우리 집에서는 아들이 이 제자와 같은 열정적인 존재다. 유년기에 아들은 세상에서 제일 똑똑하고 잘생긴, 눈에 넣어도 아프지 않은 사랑스런 아이였다. 그 아이는 10대 성장기 내내 학교와 또래관계에서 오르락내리락 좌충우돌하였다. 그의 20대는 대학 진학, 최전방에서의 군복무, 유학, 연애, 한국과 미국에서의 취업, 국제결혼, 아버지가 되기까지 역동적인 삶 자체였다. 높은 성취와 안전한 인생을 바라기 하며 살아온 우리 부부로서 이런 아들을 지켜보는 것은 여간 어려운 일이 아니다. 속을 끓인들 어떠하리! 내가 대신 살아 줄 수 없는 삶인 것을. 부모나 누이와는 완전히 다른 신천지에서 다른 생활방식으로 살아가는 그의 인생 여정을 축하하며 받아들일 뿐이다.

20대 청년은 생산적인 삶의 여정을 시작하고, 이들의 도전은 아름답다. 중년과 노년은 마치 인생의 가을과 겨울처럼 외롭고 춥게 여겨진다. 세계의 중심에서 주변으로 물러가는 순응적인 태도가 이 시기를 살아가는 지혜인 듯싶다. 하지만 순응적인 태도로만 살아가기에는 나이 듦의 여정은 너무나 길다. 나이 듦에 대한 일반적인 담론과 달리 그 여정은 분명 하나가 아니라 다양할 것이다.

근대주의에 기초한 인간발달이론에 따르면 청년기까지 인생은 봄과 여름에 비유되고, 중년은 가을, 노년은 겨울로 비유된다. 각 시기는 적절한 균형을 이루는 듯하였다. 그러나 물질생산의 증대와 의과학의 발달은 상상을 초월할 정도로 평균수명을 연장시켰다. 2018년 현재 한국인의 기대수명은 평균 82.8세, 남성 79.8세, 여성 85.8세다. 그런데 직장인이 예상하는 퇴직연령은 평균 50.9세, 남성 51.7세, 여성 49.8세다. 「노인복지법」에 의거한 노인의 연령

65세에 비교할 때, 사실상 경제사회적으로 노년에 들어서는 연령은 약 14~15년 빠르다. 직장에서 퇴직 후 자타가 인정하는 노년에 이르기까지 중년은 갈 곳이 마땅하지 않다. 더구나 아직 자녀들이 독립하지 않은 경우가 상당하다. 자녀의 독립이나 국민연금에 의해 기본적 수입이 보장될 때까지 계약제, 시간제 일자리로 옮겨 다니다가 어느 날 집으로 돌아간다.

40대 초반에서 65세 법적 노인 연령까지 20여 년을 통틀어 중년이라고 할 수 있다. 중년의 어느 날 불현듯 들이닥치는 직장으로부터의 은퇴는 또 다른 불청객인 갱년기와 함께 쓰나미처럼 몰려온다. 갱년기는 성 호르몬 감소에 따른 신체적 · 심리적 변화를 말한다. 따라서 갱년기를 지나는 중년은 심신이 위축되는 갱년기 증상에 사회적 지위의 위축 및 상실로 말미암아 신체적 · 심리적 · 사회적으로 총체적 변화를 경험한다. 이러한 변화를 과연 나이 듦의 특성으로 특정하여 말할 수 있는지, 나이 듦의 과정으로 이해하고 그냥 받아들여야 하는지 의문이다.

배운 게 많고 사회적 경험이 많은 베이비부머 세대의 나이 듦은 부모 세대의 나이 듦과 분명 다르다. 또한 이 앞뒤에 오는 세대와 달리 인구규모가 큰 집단인 베이비부머 세대는 기대수명의 연장에 따라 다수의 또래와 함께 나이가 들어 가는 독특한 경험을 한다. 이 세대는 마땅히 할 일 없이 무한의 여가시간을 심정지의 순간에 이르기까지 자식에게 의존하며 지낸 이전 세대와는 다른 방식으로 노년의 여정을 개척할 것으로 기대된다. 노년은 질병과 의존, 구태의연하고 고집불통인 문제적인 시기로 당연하게 받아들이기보다는 질병과 의존, 소외의 문제를 가진 시기로 새롭게 재정의되고 있다.

담담함과 호기심으로 나아가기

다른 한편에서는 '꽃보다 할배' 프로그램에 출연하는 노년의 면면을 보면서, 우리는 여전히 아는 게 많고, 함께하는 이들을 배려하고, 오가는 길의 동물과 자연을 돌보는 세련된 노년에게 마음이 끌림을 발견한다. 아내를 위해 선물을 고르는 이, 말기 암의 고통 속에서도 마지막이 될지도 모를 여행길에 나선 이, 나이는 기중 젊지만 만성질환으로 여행길이 고통스런 이 등 여러 노년의 모습을 카메라에 담아낸다. 아름다운 풍광 덕분인지, 나이보다 젊어 보이는 배려 많고 아직 아름다운 중년 짐꾼 덕분인지, 세련된 노년 덕분인지 이들의 여행은 베이비부머의 로망이 되었다. 남녀 베이비부머는 배낭을 메고 여행을 떠나고 있다. 열렬 시청자 중의 한 사람인 나 역시 90세가 다 되도록 비행기타고 대륙 간 여행을 떠날 수 있기를 대놓고 소망한다. 이렇듯 예능 프로그램이 만들어 낸 '세련된 노년' '다시 맞이하는 청춘'으로 노년을 산다는 것은 과연 가능한 것인지, 현실세계의 노년을 반영하고 있는지, 이 또한 가까이하기엔 너무 먼 가공의 생활세계가 아닌지 질문한다.

이탈리아 감독 파올로 소렌티노(Paolo Sorrentino)는 자신의 영화 〈유스(Youth)〉(2016)에서 열정만 있다면 당신의 '청춘'은 아직 끝나지 않았다는 메시지를 전한다. 메시지를 좀 더 깊게 들여다보면, 노년에 청춘처럼 무한정 열정적인 삶을 사는 것도, 세상에서 물러나 활력 없이 관찰자처럼 사는 것도 경계하고 있다. 사람과 사람, 삶의 과정과 장면을 단절시키지 않는 적절한 수준의 열정, 열정 자체가 목적이 되어 당신의 삶을 다 태우지 않도록 주의할 것, 아직 열정이 남아있다면 사랑하는 가족과 화해하라 등이 영화를 본 후 머리 속에 한동안 떠올랐던 생각이었다.

중년은 처음인지라, 또 4차 산업혁명 시기의 노년은 더더욱 처음인지라 아무도 가지 않은 길을 지도도 없이 떠나는 여행에 대한 두려움이 크다. 특히나 나름 자신과 가족, 맡은 일을 책임지고 살아온 사람으로서, 나약함을 드러내는 두려움도 아직 크다. 하지만 한편에서는 "그래! 한번 해 보자, 내가 어떤 세월을 살아왔는데." 싶은 무모함이 불쑥 튀어나온다. 나약함과 무모함 사이에서 용광로에서 꺼낸 쇠처럼 덤덤함과 담담함, 묵직함이 내게서 묻어나고 있다. 다행히 가지 않은 길에 대한 호기심이 아직 모락모락 피어나고 있는 내가 참 좋다.

부모님과 이별하는 법

윤혜미

거친 베에 뼈와 가죽만 남은 키 작은 육신이 뉘었다. 90여 년의 희로애락과 영욕이 주름으로 각인된 근육과 지방이 3년 반의 와병 기간 동안 천천히, 그리고 알뜰히 풍화되어 순수하고 무욕한 골격만 남겨 두었다. 셀로판지처럼 핏기 없이 투명하며 뼈에 단단히도 밀착된 얇은 한 겹 피부로 오롯이 남은 이승에서의 마지막 얼굴이다. 낯설 만큼 깨끗하고 순수하여 애처롭다. 산 자의 손에 닿는 차가운 이마가 이번 작별이 절대적이며 영구한 것임을 엄정하게 알린다. '체온을 나눈다'는 말의 묵직한 의미가 다가온다. 그에겐 이제 나누어 줄 체온이 없다. 그 여윈 얼굴마저 굵고 거친 베 주머니 속으로 사라진다. 묶인다. 행여 그 존재와 시간의 의미가 흩어질까, 꽁꽁 묶인다.

그리고 입관이다. 이제 어느 누구의 시선에서도 자유로울, 그리고 시선 닿을 데 없으니 마음 쓸 데도 사라질, 좁으나 무한대인 공간에 몸을 누인다. 결코 잊히지 않을 것 같은 관 뚜껑 닫히는 소리. 망자를 산 자의 공간에서 분리하여 가두는, 그리하여 산 자와 죽은 자가 영원히 서로 타자임을 선언하는 육중한 못질이다. '절대'라는 말의 의미가 산 자의 가슴에도 쾅쾅 울린다. 절대적인 이별이다. 망자여, 돌아오지 말지니. 산 자여, 죽은 자의 공간에 함부로 들어가지 말지니. 죽음의 비현실성이 갑자기 현실이 된다.

망자가 가는 길은 극과 극의 반복이다. 100년 가까운 시간이 그 사흘에 압축되었다. 꽁꽁 싸매어 관에 밀봉된 세월은 냉동고로 보내진다. 산 자들이 근 백 년의 인연에 답하는 동안 망자의 육신은 꽁꽁 얼어붙을 것이다. 혹여 남은 기쁨과 근심이 있었다면 그 육신 속에 꽁꽁 얼려 가두라. 이제 더 이상 맘 어지럽히지 못할 것이니 평화로우라. 그는 이제 불구덩이를 소원한다. 얼어붙은 육신을 녹이고, 꽁꽁 묶인 육신을 자유로이 해체하여, 영욕의 한 세월을 남김없이 소진해 줄 뜨겁게 희고 푸른 불꽃을. 일제강점기와 광복, 전쟁과 분단, 산업화, 정보화, 초연결사회까지의 변화무쌍하였던 20세기와 21세기 초반을 광속으로 달려온 고단하고도 경이로웠던 삶의 시간들이 맹렬히 불타오른다. 여성이었기에 때로는 얼음처럼 차갑고 단단하게 배제되고 소외되었으며 때로는 불꽃처럼 치열해야 했던 그의 삶이 풍화된 마지막 육신에 얼음과 불로 반복된다. 그리하여 여섯 자녀와 열두 손자녀, 그리고 네 명의 증손자로 기억될 그는 무욕한 한 줌 흰 재가 되었다.

이 글을 쓰게 한 분은 시어머님이다. 시어머님은 2013년 4월 욕실에서 미끄러져 머리를 다치셨다. 그 길로 대학병원 중환자실 → 입원실 → 격리병실 → 요양병원의 행보를 거쳐 3년 6개월 만인 2016년 11월, 숨을 거두셨다. 향년 94세. 요양병원으로 옮겨 오시고는 3년 동안 단 한 번도 의식을 회복하지 못하셨고 입원하신 후 돌아가시기까지 단 한 번도 평생을 보낸 당신의 고향집에 가지 못하셨다. 무욕하여 평화로우셨던 시어머님이 다섯째 아들 내외와 튼실한 두 손자와 함께 평생을 사셨던 집이었다.

시어머님은 말년에 파킨슨병을 앓으셨다. 노동과 반복된 출산의 부담이 누적된 육신은 80세 무렵부터 매해 한 달 정도는 병원 입원을 불렀으며 천천히 운동기능을 상실해 갔다. 휠체어와 높낮이 조절이 가능한 의료용 침대가 들어왔다. 물론 문턱이 있는 단독주택에서 휠체어는 그나마 면적이 좀 넓은 거실에서만 의미가 있었다. 그래도 낙상사고가 일어난 2013년 그 봄날 이전까지는 한결 같이 무욕한 미소로 자손을 맞고, 텔레비전이 전해 주는 험한 소식에 자손의 세상살이가 각박하지나 않은지 걱정하셨다. 혼자 힘으로는 화장실 출입도 어려워졌을 무렵, 장애진단을 받아 요양보호사가 매일 세 시간 방문하게 되었다.

그런데 그 한 번의 낙상이 절대적이었고 불가역적이었다. 어느

봄날, 가족과 요양보호사 방문 사이의 짧았던 혼자의 시간에, 화장실을 향했던 일상의 결정이 아무도 예기치 못했던 '죽음으로의 긴 여로'가 되고 말았다. 화장실 문턱에서 휠체어에서 내려오려다 머리를 부딪혀 뇌출혈을 일으킨 것이다. 뇌수술이 일차 진행되었고, 잠시 회복되시는 듯 병문안을 온 자손들에게 환히 웃어 주기도 하셨다. 그러나 곧 다시 의식을 잃으면서 중환자실 입원이 이어졌다. 의료진은 미세한 뇌혈관이 터져서 뇌를 압박하는데, 재수술하기는 어려운 부위여서 약물과 주사요법만이 대안이라 했다. 짧은 의식 상태와 긴 무의식 상태가 끝없이 교차했고 바이러스 감염으로 중환자실에서도 격리병실생활을 하셨다. 발열이 계속되고 호흡이 어려워지면서 의식이 없는 마른 몸에는 영양공급과 호흡을 위한 관에다 수액과 항생제 투여를 위한 튜브가 점점 더 많이 연결되었다.

혼수가 온 지 6주 남짓 지났을 무렵, 의료진이 보호자를 보자더니 감염우려 때문에 목에 삽입된 관을 제거해야 한다면서 기관절개 시술 동의서를 내밀었다. 기관절개를 결정하면 회복하는 경우가 아니면 이를 임의로 제거할 수는 없다고도 했다. 현재 의식이 없는 상태인데 회복할 가능성이 있는지에 대해서는 '뭐라 단정할 수 없다'는 대답뿐이었다. 다들 백발이 섞일 만큼 세상을 살아온 나이였지만 아무도 예견할 수 없는 길로 들어서고 있었다. 지나고 보니, 당시에는 기관절개가 선택의 여지가 없다고 느낀 소극적인 반응이었지만 돌아가시기까지 3년간의 병상생활에서 하나의 분기점이었던 것 같다.

기관절개 후, 산소포화도를 점검하고 손발을 주물러 드리거나 건조해지는 피부에 보습제를 발라드리는 일 밖에는 달리 할 일이 없는 날이 계속되었다. 그 사이에도 때로 원인을 알 수 없는 발열이 있으면 항생제를 투여했고, 객담을 제거했으나 혼수는 계속되었다. 격리병실에서 나오시던 날, 의료진은 요양병원으로의 전원을 추천했다. 할 수 있는 일이 별로 없고 장기 입원으로 인한 욕창을 관리하기엔 요양병원이 더 낫다고 했다. 투여하는 약물은 계속 처방할 수 있으니 대학병원 병상이 필요한 것은 아니라고. 기도삽입과 코줄로 호흡과 영양공급을 지원받는 상황에서는 귀가도 요양원도 대안이 아니었다. 지병이던 파킨슨병으로 인한 혼수가 아니라 뇌출혈로 인한 혼수여서 요양급여의 대상이 아니었고, 대학병원 입원비와 치료비도 투병기간을 가늠할 수 없는 입장에서 상당한 부담이기도 했다.

몇 개의 요양병원을 다녀 본 끝에 남편은 직장과 가까운 곳에 어머님을 모셨다. 일정기간 입원 후에 귀가하는 비교적 경증의 요양환자들도 있었지만 시어머님이 계시던 층에는 일상생활능력이 현저히 떨어진 장기요양 중인 노인 환자들이 주였다. 여섯 명이 사용하는 일반 병실이었으나 세 명, 네 명, 다섯 명으로 입원실 환자 수가 계속 바뀌었다. 그리고 환자 수의 부침에 따라 간병비도 늘어났다 줄어들었다 했다. 간병인도 수시로 바뀌었다. 초기에는 면회 때마다 잘 부탁한다는 의미로 간병인에게 봉투나 선물을 건넸으나 차차 의미가 없음을 알게 되었다. 간병인이 그만두기도 하지만 병원에서 이들을 층별로 순환근무를 시키는 것이었다. 시어머님은 그들에겐 '개인'이 아닌 관리대상인 것이다. 그 복잡한 사정을 어찌 알겠는가.

요양병원과 요양시설이 노인 돌봄의 가족부담을 덜어 주고, 사회보험제도를 통해 소득에 따른 차별을 줄이고, 서비스 질의 향상에도 꾸준히 노력하고 있음은 틀림없다. 그러나 이는 서비스 제공자와 가족의 입장일 뿐 서비스 이용자인 병들고 쇠약하여 스스로 생활할 수 없는 노인들이 원하는 가치 있는 삶의 조건을 반영하는 것인지는 모르겠다. 시설이 안락하고 위생적이며 미소 짓는 직원이 많아져도, 어머님과 같은 환자는 관계를 형성하지 못하는 관리대상일 뿐이다. 아침마다 미세먼지 농도를 측정하고 오늘은 어머님 객담 제거로 힘드시겠다 생각하고, 혼자서 손가락 하나 움직일 수 없는 육신, 누구의 손도 잡을 수 없고, 말 한마디 걸어오지 않고 눈도 뜨지 않는, 날로 수축되는 피부에 보습제를 바르고 돌아오는 일과가 계속되었다. 몇 마디 혼잣말이라도 건네 보고 바스라질까 두려운 마른 팔다리를 주무르다 돌아오는 일과는 당신이 관리대상이 아니라 누군가의 어머니고 할머니라는 개인성을 확인하려는 가족의 노력이었다.

시어머님의 완고한 침묵 속에서 3년 반의 시간은 산 자들에게는 희망과 실망 사이의 롤러코스터였으며, 죄책감 속에서 서서히 자기합리화를 배워 가는 시간이었다. 입원기간이 2년이 넘어가면서 남편은 하루 두 번의 면회를 하루 한 번, 이틀에 한 번으로 자의 반 타의반 줄이게 되었고, 한 치 건너 두 치라고 며느리인 나는 지방의 직장을 핑계로 매주 한 번이 격주 한 번으로 뜸해졌다. 그리고 시어머님은 조금씩 더 낯설어졌다. 이제 태아 자세처럼 구부린 팔다리가 펴지기를 거부하였고, 생전에도 굽었던 허리는 등까지도 동그랗게 말려 옆으로 누우면서, 어쩌면 이제 당신의 어머님 뱃속 태아 시절, 기원으로 돌아가고 싶은 듯이 보이기도 했다. 한편으로는 이제 살아 있는 자들과의 교류나 기억을 완강히 거부하시는 듯, 매시 매분, 당신의 본질 속으로 한 걸음 더 고독한 침잠이 진행 중인 듯도 했다. 더 이상 그는 내가 알던 시어머님이 아니라는 생각이 들기 시작했다.

그러다 어느 날 밤, 남편이 잠긴 목소리로 전화했다. 병원에서 임종이 가까운 것 같다는 연락을 받았노라고. 그리고 몇 시간 후 어머님은 세상을 떠나셨다. 쓰러지신 후 3년 6개월 만이었다. 첫 뇌수술 이후 잠시 의식을 찾았다가, 곧 혼수로 이어져 눈도 한 번 뜨지 못한 채 마른 육신 여기저기에 바늘과 관을 연결하고 3년이 넘는 세월 동안 서서히 조금씩 소멸하신 것이다.

어머님이 떠나시고 나서, 삶에서 가장 중요했던 모든 것으로부터 단절된 채 엄격히 통제되고 몰개성화된 3년으로 연결되었던 그 시간이 두고두고 안타까움으로 남았다. 앞으로도 단 한 번도 의식을 찾는 일은 없을 것이라는 사실을 깨닫고 나서도, 와병의 과정에서 점점 낯설어져 가는 당신의 소멸 시간을 최선을 다해 늦추는 것밖에 할 수 있는 일이 없었던 죄송함은 오롯이 산 자의 몫이 되었다. 그리고 이랬더라면, 저랬더라면 하는 후회와 반성이 모두의 가슴속에 자리 잡았다. 시어머님이 떠나시고 곰곰 돌이켜보니 네 가지가 아쉬웠다.

우선, 첫 번째로 낙상을 막았더라면 좋았을 것이다. 우리나라의 경우 60세 이상 사고별 경험 중 낙상이 40%를 차지하고 있다고 한다. 노인의 낙상은 근력 저하와 관계가 깊다. 시어머님처럼 노환으로 보행이 자유롭지 않은 경우, 침대에서의 낙상, 휠체어나 의자에서의 낙상, 계단에서의 낙상은 쉽게 일어날 수 있다. 가장 문제가 되는 장소는 욕실과 화장실이다. 예를 들면, 노환으로 거동이 불편해지셨을 때, 방과 거실, 거실과 화장실을 구분하는 문턱을 없애고, 한 칸 낮은 욕실바닥을 같은 평면으로 올리면서, 붙잡고 움직일 수 있는 핸드레일을 동선에 설치해 두는 공사가 필요했던 것이다. 미국의 로널드 메이스(Ronald L. Mace)가 1980년대에 주장했던 유니버설 디자인[1]이 요긴하다.

두 번째로는 노인 장기요양 보험제도의 개선이다. 노인 장기요

1) 본인이 휠체어를 사용하는 장애인이었던 로널드 메이스는 장애인만을 위한 보장구들이 오히려 장애인을 사회에서 소외시킨다고 생각하고 장애인을 포함한 모든 사람을 위한 디자인이 필요하다고 주장하였다. 이는 장애인은 물론, 노인과 아동, 임산부 등에게도 해당되는 개념이다.

양 보험제도는 요양보호사가 노인이 있는 가정을 방문해 요양 서비스를 제공하면서 발생하는 요양비용의 80~85%를 국가가 지원하는 것인데, 하루 최대 네 시간까지 가능하다. 방문요양 서비스[2] 외 침대, 보행기, 휠체어, 이동욕조, 목욕의자 등 26가지 품목에 해당하는 각종 복지용구를 연간 160만 원까지 지원받을 수도 있다. 파킨슨병을 앓았던 시어머님은 장기요양 3등급으로 하루 세 시간의 방문요양 서비스와 등받이가 움직이는 침대와 휠체어를 지원받으셨다.

지금껏 장기요양 보험제도를 일상생활능력이 저하되는 노인의 수가 급증함에 따르는 돌봄 욕구를 부분적으로 해소해 주는 좋은 제도라고만 생각했으나, 이번 일을 겪으면서 몇 가지 개선점이 절실하게 느껴졌다. 우선, 요양보호사 인력수급 문제가 있었다. 요양보호사는 재가기관에서 관리하면서 파견해 주는데, 근무시간 · 돌봄노동의 내용 · 이동거리 · 환자상태 · 환자성별 등에 대한 선별조건이 맞지 않으면 요양보호사를 지원받기가 어려웠다. 시어머님은 치매도 와상(臥床)도 아니었고, 여성이어서 기피조건이 아니었음에도 거주지가 농촌 마을의 개인주택이라는 점에서 접근성과 편이성의 한계가 있었다. 또 지원받은 시간 외 추가 시간을 개인이 전액 부담한다고 해도 요양보호사가 소속된 재가기관의 규정 때문에 연장 돌봄을 받기 어려웠으며 요양보호사의 교체가 잦았다. 인

2) 요양보호사의 방문요양 서비스를 받으려면 가장 먼저 국민건강보험공단에 장기요양등급을 신청해서 거동상태에 따른 등급을 부여받아야 한다. 장기요양등급은 1~5등급으로 나뉘어 차등적으로 지원금이 결정된다.

지기능과 운동기능 퇴화가 진행되는 노년기에 돌봄 인력이 수시로 교체되는 것은 요양보호사와 돌봄 대상자 사이의 신뢰관계 구축은 물론, 상호 적응에도 부담요인이 될 수 있다.

장기요양 보험의 또 다른 아쉬운 점은 건강보험과 연계가 되지 않는다는 것이다. 시어머님은 집에서는 장기요양 보험을 수급했으나, 병원과 요양병원 입원 후에는 장기요양 보험 수급의 병명인 파킨슨병이 아니라 낙상에 의한 뇌출혈과 그에 의한 뇌졸중이라는 판단 때문에 기존의 장애등급이 적용되지 않았다. 장기간의 요양병원 입원에도 간병 서비스에 장기요양 보험이 적용되지 않아, 재정적인 면에서 상당한 부담이었다. 시어머님의 기관절개를 통한 호흡유지 상태는 대부분의 요양시설이 입소를 거절하는 조건이어서 요양병원이 유일한 대안인데도 더 이상 장기요양 보험의 대상이 아니라는 규칙은 이해하기 어려웠다. 재가노인뿐 아니라, 요양시설에서 돌봄을 받다가 질환으로 요양병원에 입원했을 경우에도 똑같이 간병 서비스가 지원되지 않는다고 하였다. 장기요양 보험이든, 건강보험이든 환자는 동일한데 두 제도가 완벽하게 분리되어 평행선을 달리는 것이다. 그때 요양병원과 요양기관의 차이를 확실히 알게 되었다.

다음으로, 장기요양 보험의 예방 서비스 도입 필요성이 절실하다. 현재 장기요양 보험은 만성질환으로 기능이 저하된 65세 이상 노인을 대상으로 하고 있는데(예외 규정 있음), 앞으로 베이비부머 세대가 고령에 진입하게 되면 장기요양 대상자가 폭발적으로 증가할 것은 불을 보듯 명백하다. 현재와 같은 제도 유지를 위해서는 보험료율 인상과 요양보호사 인력난 등 다양한 문제를 직면하게 될 것이다. 따라서 장기요양 대상자 수 증가에 대한 보다 적극적인 대응은 노인들의 서비스 수급시기를 가능한 한 연기할 수 있도록 예방적 접근을 강화하는 것이다.

구체적으로는 건강증진 및 기능향상과 유지를 돕는 요양예방 서비스를 장기요양 진입 이전 단계나 요양등급 심사에서 등급 외 판정을 받은 지역사회 노인들에게 적용하는 것이다. 즉, 가능하면 오랫동안 자력으로 건강과 기능을 유지할 수 있도록 적극적인 질병관리와 기능향상을 핵심 목표로 하는 건강증진 및 기능향상 프로그램을 커뮤니티 케어로 제공하는 것이다. 우리나라와 유사한 사회보험제도를 가지고 10여 년 이상 앞서 고령화가 진행된 일본의 장기의료정책(지역포괄케어 시스템)을 참고할 필요가 있다. 동거하는 가족들이 모두 생업에 종사해야 하는 상황에서 재택개호지원센터, 노인재활센터 등을 통해 지병의 진행을 늦출 수 있다. 장기요양 급여를 받게 된 이후에도 요양보호사 및 방문간호, 재활 등의 다양한 서비스를 통해 활발한 사회관계 속에서 진행할 수 있지 않을까? 이러한 의료-보건-복지의 복합적 체계가 지역사회 내에 있었다면 시어머님의 낙상사고 전, 집과 병원 입원 말고 다른 선택권이 없었던 상황이 호전될 수 있었을 것이다.

마지막으로, 시어머님과 이별하면서 가장 죄송하고, 또 혼란스러웠던 것은 모든 상황이 당신의 의사와 상관없이, 그리고 어떤 예측도 허락되지 않은 채 진행된 것이었다. 모든 인간은 죽는다는 명제에서 보면 죽음은 삶의 자연스러운 종착역이다. 그러나 시어머님이 떠나가신 과정을 자연스럽다고 볼 수 있을까? 삶에 대한 주도권을 모두 잃은 채 의료장비에 묶여 끝없이 혼수상태를 붙잡고 있었던 과정은 또 다른 감금이 아니었을까? 가완디(Atul Gawande, 2015)의 지적처럼 죽음을 길고도 느린 '의학적' 과정으로 받아들인 것은 분명 시어머님이 아닌 의료진과 가족들이었다.

> 의학은 아주 작은 영역에 초점을 맞춘다. 의료 전문가들은 마음과 영혼을 유지하는 게 아니라 신체적인 건강을 복구하는 데 집중한다. 그럼에도 우리는 바로 이 부분이 고통스러운 역설을 만들어 내는데, 삶이 기울어 가는 마지막 단계에 우리가 어떻게 살 것인지를 결정할 권한을 의료 전문가들에게 맡겨 버렸다는 것이다. 인긴의 욕구에 대한 깊은 이해보다 기술적인 전문성에 더 가치를 두는 사람들에게 우리 운명을 맡기는, 일종의 사회공학적 실험이었다. 그 실험은 실패로 끝났다.
>
> 아툴 가완디(2015), 『어떻게 죽을 것인가』 중에서

수술과 입원, 발열과 혼수로 인한 각종 처치와 기관절개까지의 결정은 급성기 병원의 특성을 가진 대학병원이 필수적으로 따르는 '치료'를 목적으로 한 선택이었을 것이다. 비록 지병으로 운신이 자유롭지 못한 90세 노인이라 할지라도, 객담 제거와 호흡을 위한 기관절개 이후 어머님이 홀로 감당하셨던 요양병원에서의 3년 3개월

이라는 길고 고독한 시간을 나는 감히 가늠하지 못하겠다. 혼수라고 했지만, 어머님은 정말 그 긴 시간 동안 의식이 없으셨던 것일까? 회복을 기대할 수 없는데도 여기저기에 찔러 넣은 관과 주사바늘은 마르고 지친 육신에 가해진 또 다른 고문이 아니었을까? 구멍을 뚫고, 바늘로 찔러 누더기처럼 만들다가 하나둘씩 장기가 기능을 멈추어 무너져 더 이상 할 수 있는 일이 없을 때까지 붙들어 두는 것이 과연 최선인가? 그렇다면 누구를 위한 최선인가? 이처럼 사고로 의식을 잃게 되면 자연스럽고 편안하게 떠날 수 있는 기회가 거부되어도 되는 것일까? 어르신이 너무 고생하신다고, '편히 보내 드려야 하는데'라는 주변 어른들의 걱정을 들을 때마다 역정스러우면서도 어쩐지 뭔가 잘못하는가 싶은 생각이 들었다. 떠나실 즈음 완고하게 오그라든 시어머님의 자세는 이 세상의 모든 인연과 관계없는 절대적 고독과 소외에 다름 아니었다.

점점 더 '살아 있는(living)' 상태와 '죽어 가는(dying)' 상태에 대해 혼란이 왔다. 3년여의 완고한 침묵과 서서히 진행되는 마치 풍화작용 같은 기능의 상실을 지켜보면서 약물과 인공영양, 기관절개를 통한 호흡보조와 장마철 곰팡이처럼 야금야금 침투하는 피부의 괴사를 늦추는 이런 의료적 처치들이 삶을 연장하는 것인지, 죽음을 연장하는 것인지 회의하게 되었다. 물론, 당시로는 의료진도 가족도 당연한 순서에 따른 결정을 한 것이었다. 돌이켜 보면 시어머님의 3년 반이란 시간에는 2018년 통과된 「호스피스 · 완화치료 및 임종과정에 있는 환자의 연명의료결정에 관한 법률」(일명 존엄사법)[3]에 의해서도 대안은 없었을 것이었다. 이 법은 임종과정[4]에 있는 환자가 대상이며, 환자에게 수액치료와 영양공급, 산소투여 등은 중단할 수 없으나 항암치료, 중심정맥관, 혈액투석, 심폐소생술, 인공호흡기 등과 같은 침습적 치료는 거부할 수 있다. 앞에 나열한 처치는 일반 주사를 맞거나 산소마스크를 쓰면 되는 것이지만, 뒤에 나열한 처치는 굵은 주사와 특수한 기계, 고가의 비용이 필요하다. 시어머님은 수액과 영양공급, 가끔의 산소투여를 받으며 누워 계셨으므로, 연명의료결정법의 대상은 아니었던 것이다. 그러니 회복불능이라는 것은 의심의 여지가 없었음에도 할 수 있는 일은 기다림 외에는 없었다.

시어머님을 여의면서 우리 몸이 우리를 저버릴 때 할 수 있는 일은 무엇일까를 생각하게 되었다. 일단, 연명의료중단에 대한 사전의향서를 마련해 두어야 하겠다는 결심이 섰다. 그러나 시어머님의 경우처럼 연명의료중단의 대상이 아니면서 인간다운 삶이 부정된 경우는 또 다른 난제다. 인간다운 삶의 핵심이 자율성이라고 생각한다면 회복될 수 없는 상황에서 신체와 정신의 자유가 더 이상 내 것이 아닌 삶이 과연 내 삶일까? 사회적 존재로서의 인간의 행복이 관계에 기반하고 있다면 의식불명으로 병원 침상에 누워 임

---

3) 이 법은 호스피스 · 완화의료와 임종과정에 있는 환자의 연명의료와 연명의료중단 등 결정 및 그 이행에 필요한 사항을 규정함으로써 환자의 최선의 이익을 보장하고 자기결정을 존중하여 인간으로서의 존엄과 가치를 보호하는 것을 목적으로 제정되었다.

4) 임종과정이란 회생의 가능성이 없고, 치료에도 불구하고 회복되지 않아 급속도로 증상이 악화되어 사망에 임박한 상태를 말한다.

종을 기다리는 삶을 자연스럽거나 존엄하다고 할 수 있을까?

최근 호주의 104세 생태학자 데이비드 구달(David Goodal)이 고령으로 인한 삶의 질 악화를 이유로 안락사(安樂死)를 택했다는 소식은 그런 의미에서 울림이 있다. 그는 "죽고 싶어도 그러지 못하는 것은 정말 슬픈 일"이라며 "노인이 삶을 억지로 지속해야 하는 것으로부터 자유로워질 수 있는 도구로 내가 기억되기를 바란다."라는 말을 남겼다. 안락사는 오래전부터 불치병 환자 등으로 삶이 고통스러운 사람들을 위한 대안이 되어야 한다는 주장과 생명권의 훼손이라는 반대 주장이 치열하게 대립해 온 주제다. 존엄사와 안락사의 문제는 가완디(2015)의 지적처럼 외부적이고 인공적인 장치를 꺼서 생명연장을 포기할 권리를 부여한 것과 생명을 유지하고 있는 내부적이고 자연적인 기능을 멈출 권리를 부여하는 것 사이에서 우리 사회가 우왕좌왕하고 있음을 보여 준다. 고통을 연장시키는 실수와 가치 있는 삶을 단축시키는 실수, 그 누구도 단언하기 어려운 선택이다. 죽음과 죽음의 질에 관해 의료적 판단뿐 아니라 윤리적이고 철학적이며 다학제적인 논의를 진지하게 시작해야 할 때가 아닐까. 그리하여 부모님과의 피할 수 없는 이별을 겪으면서 또한 머지 않는 미래에 닥쳐올 자신의 죽음에 대해서도 대비할 여유를 허락받고 싶은 것이다.

참고문헌

가혁(2017). 요양병원과 요양시설의 역할 정립. **계간 의료정책 포럼.**

Gawande, A. (2015). **어떻게 죽을 것인가.** (김희정 역). 서울: 부키.

엠디저널(2005. 7. 1.). 와상노인 제로 작전! http://www.mdjournal.kr/news/articleView.html?idxno=2248

삼시세끼
-아버지 편-

이숙영

작년에 난생처음 두 달간 아버지, 어머니의 식사 준비를 해 드린 적이 있다. 그동안은 어머니가 식사를 준비할 때 보조를 하고 설거지를 돕거나, 가끔씩 외식을 하는 것으로 식사를 대신 했었으나, 어머니의 체력이 떨어지고 몸에 잦은 고장이 나면서 어머니가 준비하는 식사를 기대할 수 없게 되었기 때문이었다. 그동안 어머니가 손수 식사를 준비하는 것이 힘에 부친다는 것을 눈치챘으면서 선뜻 나서지 못한 것은 어머니가 '어떻게든' 꾸려갔기 때문이다. 몇 년 전부터 부모님의 식탁에도 혁명이 필요하다며 아침식사로 고구마, 요구르트, 시리얼 등의 대안을 내놓았지만 두 분에게 그건 간식일 뿐이었고, 식탁에는 여전히 국과 찌개, 밥이 고수되었다. 머리로는 서양식과 건강식의 편리함과 영양을 이해하면서도, 여전히 입맛은 한국인의 밥상에서 벗어나지 못하는 것이다. 하루에 세 번씩 꼬박 밥을 해 먹는 것이 드물고 어려운 일이 된 시대에도 밥상을 향한 어머니의 투철한 정신은 변함이 없으니 당신의 일상이 고될 수밖에 없다. 더욱이 아침을 간단히 먹고 점심은 대충 때우거나 바깥에서 먹고 저녁 한 끼만 제대로 먹는 요즘 세대에게 삼시 세끼는 큰 도전이 아닐 수 없다.

그런 어머니의 밥상에 변화가 일어난 것이다. 적어도 오첩반상에 비견될 만한 어머니의 밥상 메뉴가 급격히 줄어들었다. 반찬이 그득한 어머니의 밥상에 익숙하다가 빈약해진 밥상을 대하는 것은 내게도 작은 충격이었는데, 더 놀라운 것은 간단히 먹어도 충분하다며 밥상의 변화에 큰 의미를 두지 않는 어머니의 태도였다. 국이나 찌개가 식어도 얼른 데우고 반찬도 먹기 직전에서야 맛깔나게 무치고 지져 내며, 맛에 신경을 쓰던 어머니가 대충 먹으면 된다고 하였다. 아버지 역시 달라진 밥상에 큰 불만이 없었다. 어머니가 차린 밥상이 이전과 달라졌다는 것도 눈치채지 못할 뿐더러 변함없이 맛있게 드셨다. 또 하나의 변화는 손쉽게 조리할 수 있는 반조리된 인스턴트 음식, 짜장밥이나 오무라이스 같은 일품요리가 식단에 추가된 것이다. 쉽게 만들어 먹는 음식이 더 이상 애들이나 먹는 음식이 아닌, 간단하고 맛있으면서도 썩 부족함이 없이 차려 먹을 수 있는 음식으로 위상이 달라졌다.

문제는 어머니가 슈퍼마켓에서 쉽게 살 수 있는 반조리된 음식과 간편한 인스턴트 음식에 어떤 것들이 있는지 모른다는 점이었다. 평생을 음식 재료만 사던 탓에 쉽게 해 먹을 수 있는 음식에 대한 정보가 없었다. 그런가하면 평생 밥상을 차릴 줄만 알았지 차려 놓은 밥상에 익숙하지 않은 어머니에게는 자식이 차려 놓은 식탁 앞에 앉는 것도 기쁜 일만은 아니었다. 바뀐 처지에 서로 어색하고 미안한 기색이 드러났다. 부모를 돕거나 돌보아 드리는 자식들에게 새로운 적응과 이해가 필요한 것처럼, 부모편에서도 도움을 받아야 하는 입장으로의 새로운 변화에 적응이 필요하다. '삼시세끼-아버지 편-'을 마감하고 떠나면서 어머니의 냉동칸에 인스턴트 국과 찌개, 반조리된 식품을 채워 놓았다. 손수 밥상을 차리는 어머니에게 필요한 것은 하루 세끼를 아버지와 함께 편하게 드시는 일이다. 삼시 세끼에 대한 무거운 책임감에서 벗어나 어머니 말씀대로 대충 먹고 편히 사는 것이 정답이기 때문이다.

노인 부모를 돌보아 드리는 것은 보람도 크고 의미있는 일이지만, 돌보는 입장에서는 요령과 지혜가 필요하다. 우선 부모와 새로운 관계 맺기를 이루어야 한다. 부모가 나를 돌보는 것이 아니라, 내가 부모를 돌보아 드리는 역할 전도에 대한 인식과 적응과정이 필요하다. 이전과 다른 부모의 모습과 행동, 건강 문제 등을 감당하면서 느끼는 혼란, 짜증, 죄책감, 피곤, 부담감 등의 복합적인 감정은 자연스러운 현상이다. 모든 면에서 느리고 어눌해진 모습, 감정의 변화, 이해가 잘 되지 않는 행동, 반복되는 건강 문제, 자기 방식에 대한 고집, 엉뚱한 실수와 사고 등을 정상적인 노년기의 특징으로 이해하고 익숙해지는 것이 필요하다. 부모의 변화에서 오는 작고 큰 일로 속상하고 실망하지 않기 위해서는 적지 않은 시간과 갈등을 거치면서 '그러려니'의 상태에 도달하는 것도 중요하다. 한편,

부모를 대신하여 여러 가지 면에서 '보호자'가 되어 결정을 내리는 데 익숙해지는 것 역시 필요하다. 자식의 도움없이 해결해 왔던 의식주 생활을 비롯하여, 병원 치료, 재정 문제, 일상적인 문제 등에 관련하여 순간순간 결정을 내리는 역할이 주어지기 때문이다.

노년기의 부모에게 자기도 모르게 가장 많이 하게 되는 말은 '왜 그렇게 자꾸 잊어버리느냐'가 아닐까 싶다. 오히려 자식이 기억력과 인지기능이 현저하게 떨어진 부모의 상태를 깜빡 잊게 되는 것은 아닐까 싶다. 노년기의 부모와 함께 하는 것은 달라진 부모의 여러 가지 모습을 받아들이는 과정이요, 새롭게 관계를 맺어 가는 과정이다. 이전과 달리 기다려 주고 이해하고 도와주어야 할 '새로운' 부모이기 때문이다.

〈인턴〉, 노년의 품격

〈디어 마이 프렌즈〉 1, 왜곡된 모녀관계와 가부장제

〈디어 마이 프렌즈〉 2, 모녀관계의 갈등 그리고 화해

〈아무르〉, 사랑하는 삶과 존엄한 죽음에 대하여

〈유스〉, 상실을 마주하며 삶은 계속된다

4부

영화로 만나는 노년

〈인턴〉, 노년의 품격

최승희

행복한 노년을 보내고 싶지 않은 사람이 있을까? 하향곡선을 그리는 노년의 신체기능의 저하는 그동안 누려 왔던 것들을 하나둘 포기하게 만든다. 반자의적인 포기와 수용은 때로는 우리의 마음과 정신마저 무겁고 눅진하게 만들어 버린다. 하지만 심리학자인 로라 카스텐슨은 TED의 강연에서 종단연구 끝에 '노인이 더 행복하다.'라는 결론을 내렸다(Carstensen, 2011). 젊어서는 자신의 영역을 넓히려 하고, 지식을 습득하며, 새로운 사람을 만나고 기회를 잡으려 하지만 쉰이 넘으면 시간의 축이 바뀌고 인생의 목표가 바뀌면서 이 세상에서 보낼 시간이 많지 않다는 것을 알기 때문에 우선순위가 분명해진다는 것이다. 더 감사하게 되고, 화해와 타협에 더 긍정적이 된다. 무엇이 중요한지를 알고, 확실한 것들에 자신을 투자하며, 깊이 있는 인간관계를 누리고, 인생의 깊이를 알게 되기 때문에 점점 더 행복해진다고 결론을 내렸다.

행복한 노년의 조건이 무엇일까? 행복한 노년과 비참한 노년을 양극단에 놓고 보면 많은 사람이 일정 정도의 경제력을 갖추어야만 행복한 노년을 즐길 수 있는 최소한의 준비가 된다고 본다. 그러나 경제력이 노년의 행복과 반드시 맞닿아 있지는 않다.

우리는 나이가 들면서 모두 일정 정도의 결핍을 경험한다. 건강, 기억력, 경제력, 인간관계 등에서 예전보다 결핍이 오는 것은 사실이다. 필자의 결핍은 대부분 그렇듯이 건강에서 나타났다. 예순이 넘은 노인들에게서 발견된다는 백내장이 40대 후반의 나이에 발견되었고, 갑자기 심하게 온 노안으로 큰 행사의 사회를 보면서 당황스러웠던 경험이 마음을 가라앉게 만들었다. 왜 자꾸 몸이 안 좋아질까 하며 건강 문제 이야기보따리들을 풀어놓고 있는데 누군가가 말을 툭 던졌다. "뭘 왜 그러긴. 나이 들면 당연한 거지." 당시는 같이 염려해 주지 않고 무심한 듯 던지는 말이 섭섭했지만, 곱씹으니 정답이었다. 이후 필자는 몸이 다시 노쇠한 신호를 보낼 때면, '그래 난 나이를 먹고 있고, 이런 삶은 앞으로도 계속될 거야.' 하고 속으로 되뇐다. 일정 정도 포기이면서 순응이다. 이제는 왜 건강이 안 좋아질까라는 질문 대신 어떻게 해야 더 나빠지지 않을까를 고민한다.

필자의 아버지는 팔순을 넘기셨다. 고혈압 약을 복용하시는 것 외에는 일 년 내내 의료비 지출이 없다. 칠순이 지나면서 버킷리스트로 시작한 자전거 여행은 한국 7대강 자전거 도로를 완주하는 그랜드슬램 달성을 목전에 두고 있다. 그의 일주일 일정은 매우 빡빡하다. 월요일에는 퇴직자 모임에 나가서 바둑이나 고스톱을 두신다. 하루는 골프로, 하루는 등산으로 운동을 하시고, 하루는 종로 일대의 지리를 꿰고 계시면서 영화감상과 어르신들이 많이 이용하시는 카페문화를 즐기신다. 늘 연락해서 만날 친구들이 있고, 그들은 동년배뿐 아니라 50대 후반, 60대의 젊은이(?)를 포함해서 연령과 직군도 다양하다. 새벽이면 매일 어김없이 인근의 텃밭 두 곳에서 유기농 야채들을 키우시고 적절한 노동을 하시며 수확의 기쁨을 누리신다. 로마의 철학자 키케로(Marcus Tullius Cicero)가 『노년에 관하여』(2012)에서 이야기한 것처럼 노년에 농부의 생활에서 유익한 봉사와 즐거움을 누리신다. 50대의 자녀들은 관절이 아프고, 친정에 오면 눕기 바쁜데 두 노부부는 쉴 새 없이 움직이시며 여전히 자녀들의 시중들기를 마다하지 않으신다. 이런 부모님을 보면 더도 말고 덜도 말고 저렇게만 나이 들어 가면 참 좋겠다는 생각이 절로 든다. 그럼에도 아버지는 최근 일에 대한 필자의 질문에 '일할 수 있는 기회가 되면 일하고 싶다'고 하셨다. 그 이유를 자세히 묻지 않았지만 아마 은행의 이자가 바닥이니 예전만큼 생활비가 여유롭지 않고, 자녀들에게는 부담을 주고 싶지 않은 그런 이유일거라 짐작할 뿐이다.

행복한 노년의 조건을 굳이 들자면 건강, 적절한 생활자금, 배우자 혹은 가족과의 관계, 노년의 친구들과의 우정, 그리고 일일 것이

이 영화의 부제는 '경험은 절대 녹슬지 않는다(Experience never gets old)'다. 여기서 말하는 '경험'은 단순히 기능적인 일을 하는 것만을 일컫는 것이 아니리라. 기업의 부사장으로 은퇴한 벤은 사무와 행정의 경험이 오래되었지만 컴퓨터와 SNS는 낯설다.
나이 든 인턴이 낯설기는 사무실의 젊은 직원들도 마찬가지다. 그러나 벤의 겸손과 수용, 관대함과 소통의 노력은 이내 빛을 발한다. 젊은 이들과의 우정을 쌓으며, 존경을 받으며 벤은 새로운 인생을 살아가는 기쁨을 발견한다.

다. 이 모든 조건이 충족되기는 참으로 어려운데 영화 〈인턴(The Intern, 2015)〉에 등장하는 '벤'(로버트 드니로 분)은 이 것을 어느 정도 누리는 삶을 산다. 더 나아가 벤은 품격 있게 나이 드는 삶의 전형을 보여 준다. 품격 있는 노년의 삶을 살아가는 벤을 영화 속에서 좀 더 들여다보자.

노년의 일자리

사람들은 은퇴 후의 여유로운 삶을 꿈꾸면서 동시에 은퇴 후의 남아도는 시간을 염려한다. 많은 사람이 그동안 미뤄 왔던 취미생활이나 여행을 원 없이 누리기를 원하고, 실제로 자신의 경제력이 허용하는 범위 안에서 요리, 미술, 운동 등의 다양한 활동을 시작한다.

영화 속의 벤도 은퇴 후에 그동안 모아 두었던 항공사 마일리지로 여행을 다니고, 자녀와 손자손녀와의 시간을 여유 있게 보내며 취미 활동을 했지만 시간이 어느 정도 지나자 뭔가의 허전한 표정을 감추지 못한다. 그런 벤의 눈길은 '시니어 인턴십' 구인광고에 머문다.

백세 시대 운운하면서 은퇴 후의 긴 나날을 대비해야 하는 막연한 압박감을 갖고 살아가지만, 청년실업 대란의 시대에서 노년기에 자신이 하고 싶은 일을 계속할 수 있기를 기대하기는 참으로 어렵다. 벤처럼 70세의 나이에 젊은 CEO가 운영하는 회사에 인턴으로 입사하는 것은 영화에서나 가능한 일일까? 이미 직원의 평균연령이 31세인 전자상거래 기업 위메프에는 머리가 희끗희끗한 50~60대 시니어 인력 20여 명이 심사관리 업무에 투입되어 근무 중이다.

국가에서도 사회적 공헌 사업으로 노인일자리를 창출하기 위한 노력을 지속적으로 기울이고 있다. 이는 노인들의 빈곤 문제를 일정 정도 해소하기 위한 방안이기도 하다. 2015년 기준 우리나라 인구 10만 명당 100세 이상 노인은 2000년 대비 3.3배 증가했다. 이와 동시에 노인 빈곤은 시간이 갈수록 심각해지고 있다. 2015년 기준 우리나라 65세 이상 노인 빈곤율은 49.6%에 달했다. OECD 회원국 가운데 가장 높은 수준으로 회원국 평균인 12.6%의 4배에 달한다. 기초생활수급을 받는 노인들을 위해서는 공공근로가 배정되고, 지자체마다 기초연금[1]을 받는 노인들에게 노인일자리센터 등

1) 기초연금은 만 65세 이상, 소득 하위 70%에 해당하는 어르신들에게 지급하는 연금이다. 2017년도 선정기준액은 단독가구 119만 원 이하다.

에서 일자리를 제공한다. 예전보다 일자리 등이 다양해지고 있기는 하지만 여전히 노노케어, 보육시설 등에서의 돌봄, 경비나 주차 등의 시설관리, 단순노동 수준에 머물러 노인들의 다양한 욕구를 충족하지는 못하고 있다. 정부도 일자리 창출 사업 공약을 실현하기 위해 노력하지만 이미 정부 재정지원에 의한 노인일자리의 안정화가 한계에 도달했다는 지적이 나오고 있다. 한편으로는 농촌 지역과 같이 민간 영역 인력 수요[2]를 정부지원 일자리 사업이 침해하는 문제점이 발생하기도 하고, 현실적으로 수도권을 중심으로 빠르게 늘어나는 노인인구를 정부 차원의 일자리 지원으로 따라가지 못하고 있는 게 현실이다.

해법은 민간 영역에서의 노인일자리 창출이다. 이에 전문가들은 정부가 기업을 움직여 양질의 일자리가 확대될 수 있게 해야 한다고 지적한다. 한국노인인력개발원이 지난해 6월 종사자 100인 이상 기업 1081개를 대상으로 벌인 설문조사에 따르면 60세 이상 고령인력 채용의사가 있는 기업은 전체의 13.4%인 145개에 불과한 것으로 집계됐다.

특히 상대적으로 고용여건이 괜찮은 중·대형 사업장에서 고령인력에 관한 관심이 낮았다. 200인 미만 기업에서는 44.2%가 '고령인력 채용의사가 있다'고 답했지만, 300인 이상 기업에서는 불과

2) 농촌에서 신체적 노동의 하루 일당이 5만 원인데 반해 공공근로는 상대적으로 노동의 강도가 낮고 임금 수준은 비슷해서 농촌 노인들이 공공근로를 더 희망하는 경우들이 늘어난다.

17.2%만이 채용의사를 밝혔다. 업종별로 보아도 고령인력 채용에 대한 관심은 특정 분야에 몰려 있는 것으로 나타났다.

「고용상 연령차별금지 및 고령자고용촉진에 관한 법률」의 제정으로 크게 달라진 점은 기업마다 달랐던 '정년의 하한선'을 60세로 통일한 것이며, 60세를 넘는 범위에서만 기업마다 차이가 존재하게 되는 것이다.

2013년의 개정안에는 2016년부터 현재 권고조항으로 되어 있는 '정년 60세'를 의무조항으로 정하고, 사업장별 규모에 따라(근로자 300인 이상의 기업은 2016년 1월 1일부터, 300인 미만은 2017년 1월부터 적용) 단계적으로 시행하도록 하는 내용을 담고 있다. 2016년부터 고령자들의 인건비 부담을 완화하고 청년일자리 창출을 지원하기 위해 공공기관 임금피크제를 도입했지만, 실질적으로 이를 통해 실효를 보지는 못하고 있다.[3]

3) 고령자고용촉진법 개정(2013년 5월)에 의해 2016년부터 정년이 60세로 연장됨에 따라 정부는 고령자 임직원의 인건비 부담을 완화하고, 청년일자리 창출을 지원하기 위해 공공기관 임금피크제를 도입했다. 그러나 35개 공기업 전체, 준정부기관 중 2002년 이전 설립 기관(50개)의 임금피크제 도입 현황을 살펴본 결과, 임금피크제 적용 기간은 평균 2.8년으로 60세 정년을 3년 정도 앞둔 시점에서나 임금피크제를 시행하고 있었다. 2015년 5월 정부가 발표한 '공공기관 임금피크제 권고안'에서 분명히 정년도래 3~5년 전부터 임금 감액 조정을 명시했음에도 임금피크제 적용기간이 2년에 불과한 곳이 무려 28곳, 심지어 1년만 적용하는 기관도 1곳이 있었다. 또한 5년 기준으로 평균임금 지급률을 산출하면 424%(삭감률 △15.2%)로 시중은행 4곳(국민, 우리, 신한, 하나)의 평균임금 지급율(250%)의 1.7배 가까이로 가히 신의 임금피크제라 할 만하다. 임금피크제 관련 신규채용 인원의 인건비는 임금피크제 절감재원을 통해 충당하는 것을 원칙으로 하고 있기 때문에 임금 지급률이 높으면 신규채용은 자연히 적을 수밖에 없다. 올해 정원대비 임금피크제 대상자 비중이 5%를 넘는 공공기관은 24곳(공기업 8곳, 준정부기관 16곳)으로 전체 조사대상의 1/3 가까이를 차지했다(경북일보, 2017).

해외 고령자 취업 사례

- 일본: 정부가 나서서 기업들에게 정년을 연장하거나 폐지하도록 이끌고 있는 것으로 알려졌다. 정년을 넘겨서까지 고용하는 대신 비정규직으로 고용해 노동 유연성을 확보한 것이다. 정부는 고령자를 고용하는 기업에 고령자 고용 보조금을 지급하고 전용 창구를 만들어 상담 서비스를 제공하고 있다
- 독일: 고령 근로자가 다니던 직장보다 임금 수준이 떨어지는 직장으로 이동하면 급여 차액을 부분적으로 보전해 주는 제도를 채택하고 있다.

나이 듦과 소통: 나이 들면 모두 꼰대가 되는가?

나이가 들면서 새로운 사람을 사귀는 것이 피곤하다는 이야기를 주변에서 많이 듣는다. 기존의 인맥 중 편안한 사람들과의 만남에 충실한 것이 에너지 소모를 줄이는 것이라고 생각한다. 한편으로 젊은 사람들은 나이 든 사람과의 관계에서 급속한 피로도를 느끼며, 너무나 쉽게 이들을 비하하거나 정형화시켜 버린다. 요즘 유행하는 개저씨(40, 50대의 남성들을 비하하는 표현)나 꼰대라는 표현도 그중의 하나다. 나이가 들면 모두 꼰대가 되는가? 나이가 들면서 사람들은 자신의 기준과 잣대가 고정되고 분명해진다. 타협이 어

렵기 때문에 그 범위를 벗어나는 사고와 행동을 수용하기가 어렵다. 경험에서 우러나오는 자신의 주옥같은 삶의 지혜를 어떻게든지 설파해 주려고 한다. 그래서 지적이 늘어나고, 말이 많아지며, 했던 말을 자꾸 또 하게 된다. 어쩌면 우리 앞에서 고개를 끄덕이며 이야기를 들어 주는 젊은 학생들이 기특하게 우리를 열심히 참아 주고 있는 건지도 모른다.

필자는 언젠가 호기심에 한번 해 본 '꼰대 체크리스트'에서 '당신에게 꼰대의 맹아가 싹트고 있습니다.'라는 결과를 받았다. 그 이후 스스로 말이 많아지거나, 장소를 불문하고 가르치려 하거나, 못마땅해서 한소리하고 싶어 하는 자신을 추스르며 꼰대의 싹을 맹렬히 저지하기 위한 자기 모니터링을 작동하고 있다.

어찌 보면 꼰대를 자기주관과 가치관이 분명한 것이라고도 애써 긍정적으로 포장할 수는 있지만, 그럼에도 꼰대가 불편하고 피하고 싶은 대상이 되는 것은 소통이 되지 못하기 때문이다. 내가 편안하고 좋은 사람들과의 우정을 유지하면서 어느 세대와도 소통할 수 있다면, 아니 소통하고자 하는 마음가짐으로 산다면 왠지 더 풍요로운 삶을 살 수 있지 않을까 하는 기대감이 생긴다.

인턴인 벤은 사람들과의 소통의 어려움이 없다. 그러나 첫 출근해서 책상에 덩그러니 앉아 있는 그는 무능해 보였다. 누구도 그를 주목하지 않았고, 쓸모 있는 일을 해내리라는 기대를 하지도 않았으며, 나이가 많다는 노골적인 이야기를 하기도 하였다. 그러나 그는 그런 대접을 받는 것에 서글퍼하거나 노여워하지 않았다. 과거의 기업에서의 부사장 경력을 운운하며 인정받으려 하지도 않았다. 그냥 담담하게 받아들였으며, 오히려 젊은 친구들에게 다가가서 모르는 것을 물어보며 배우고자 하였다. 조금씩 사람들은 그에게 마음의 문을 열고, 그의 구식 스타일도 빈티지로 생각하며 호감과 매력적인 사람으로 그를 보기 시작했다. 또한 일과 가정 사이에서 동분서주하다 결국 남편의 외도 앞에서 CEO의 자리를 넘기고 가정으로 돌아오려고 하는 '줄스'(앤 해서웨이 분)의 이야기도 묵묵히 들어 준다. 그리고 그녀에게 어깨를 내어 주고, 손수건을 건네며 마음을 헤아려 준다. 그녀의 눈부신 열정과 이루어 낸 것들에 대해서 진정성 있는 칭찬을 아끼지 않는다.

우리 사회에는 젊은 세대가 나이 든 사람들에게 가지기 쉬운 고정관념과 편견이 유난히 많다. 이렇게 상투화된 '추한 노년'의 이미지가 계속 유통된다면 품격 있게 노년을 살고자 노력하는 사람들마저도 쉽게 폄하될 가능성이 매우 높다. 일상의 삶에서 우리는 역정을 잘 내고, 자기고집이 세며, 억지를 부리는 노인들을 실제로 만난다. 그리고 그런 모습을 나이 든 사람들의 정형화된 모습으로 바라본다. 그러나 그런 노인들은 나이가 들어서 그렇게 된 것이 아니다. 성격 자체가 그런 사람들이 늙은 것뿐이다. 그러므로 누구도 함부로 품격 있게 살고자 노력하는 나이 든 사람들을 쉽게 폄하하거나 재단해서는 안 된다.

우리 주변에는 열정적으로 세상과 조우하고, 새로운 것에 호기심을 가지며, 격의 없이 젊은이들과 인간 대 인간으로 소통할 수 있는 나이 든 사람들이 적지 않으며, 우리 자신 또한 그런 삶을 영위할 수도 있다. 그럼 어떻게 하면 나이가 들어서도 우정을 유지할 수 있을까? 어떻게 하면 나이가 들어서도 세대의 장벽을 넘어서 소통할 수 있을까?

카바너(Cavanaugh)는 노인의 우정과 사회관계망에 대해서 이렇게 이야기하였다. "어느 인종이든 노인의 삶의 만족도는 가족 내의 젊은 구성원보다는 친구와의 교류의 질과 양에 달려 있다. 이러한 중요성은 부분적으로는 가족에게 부담을 되지 않으려는 염려와 그에 따라 독립적으로 지내는 방법으로 친구를 이용하기 때문이고, 부분적으로는 교우관계가 더 재미있다는 단순한 사실 때문이다." (Nordhus, VandenBos, Berg, & Fromholt, 2010)

필자의 부모님을 보면서 새삼 느끼는 것은 그분들 곁에 다양한 연령대의 친구들이 있다는 것이다. 언제나 만날 친구들이 즐겁게 상시 대기하고 있기에 자녀들에 대해서 덜 의존적이고 쿨한 태도를 취하신다. 어머니의 젊은 교회 친구들(50대 중후반의 여성들)은 어느 정도는 어머니를 참고 견뎌 내는 부분도 있지만 충분히 어머니와의 교류를 즐거워한다. 그들의 관계를 유심히 보면 어머니는 젊은 친구들의 이야기가 못마땅해 하거나 자신이 생각하는 것과 다르다고 해서 옳다 그르다 토를 달지 않으신다. 십여 년을 넘게 알아 온 짧지 않은 시간을 고려하면 친분과 나이를 앞세워서 참견을 하고 가르치려 들 법한데 그 경계를 잘 지키신다. 그들이 원할 때 적절한 조언을 해 주시면서도 참견하고 싶어 하는 어머니의 욕망을 잘 절제하신다. 그들의 선택과 생활방식이 맘에 들지 않아도 존중하고 기다려 주는 것이다.

나이가 들어도 소통할 수 있는 비결이 무엇일까? 필자는 우선적으로 들어 주기(listening)를 꼽고 싶다. 들어 주는 것은 얼핏 가장 쉬운 것 같지만, 제대로 실천하려면 매우 어려운 일이며 에너지의 소모도 적지 않다. 대화기술에서도 좋은 경청자가 되기 위해 '요약' '해석' '반영' 등의 기술들을 활용하라고 하지만 무엇보다 제일 중요한 것은 순수한 들어 주기 그 자체다. 몰입해서 진정성을 담아 들어 주는 것이다. 마치 대화를 나누는 상대방과 나만이 우주에 존재하는 유일한 인간이라 생각하며 상대에게 영혼을 담아 집중하는 것, 상대방의 감정을 최대한 따라가며 온 힘을 다해 느끼는 것이다.

참고문헌

김영옥(2017). **노년은 아름다워**. 서울: 서해문집.

최성재 편저(2012). **모든 세대가 함께하는 고령화 사회**. 서울: 서울대학교 출판문화원.

Cicero, M. T. (2012). **노년에 관하여**. (오흥식 역). 경기: 궁리.

Nordhus, I. H., VandenBos, G. R., Berg, S., & Fromholt, P. (2010). **임상 노년심리학**. (김영선 역). 서울: 학지사.

Thane, P. (Ed.) (2012). **노년의 역사**. (안병직 역). 서울: 글항아리.

Carstensen, L. (2011). *TEDxWomen*. https://www.youtube.com/watch?v=im0F91tUiek

영화 *The Intern* (2015).

경북일보(2017. 11. 7.). 공공기관 임금피크제 도입 취지 무색. http://www.kyongbuk.co.kr/news/articleView.html?idxno=1008170 (2019. 7. 20. 인출)

〈디어 마이 프렌즈〉 1, 왜곡된 모녀관계와 가부장제

신은주

가부장제 이데올로기

어머니는 한국 사회에서 가장 공고한 제도 중 하나인 가부장제의 오래된 피해자인 동시에 강력한 수호자다. 가부장적 제도하에서 어머니는 평생 독립적인 주체로서 인정받지 못했다. 남성 중심적인 이념체제에서 여성은 항상 종속적이고 주변적일 수밖에 없었기 때문이다. 이 구도를 유지하고 강화시키기 위해 가부장제는 스스로를 제도화 · 규범화시켜 왔다. 이러한 억압 밑에서 여성은 주체가 아닌 타자라는 의식을 주입받게 된다. 어머니가 평생 여성으로 살면서 남성의 지배이념을 내재화하여 자신의 딸에게 또 다른 억압 세력으로 등장하는 경우를 '타자성의 내면화'라 부를 수 있다.

로즈마리 통(Rosemarie Tong, 2013)에 따르면 이 타자성의 내면화는 지배집단의 시각을 통해 자기 스스로를 확인하는 것을 의미하며, 이는 가부장제하의 모녀관계를 이해하는 데 핵심적인 개념이다. 아무런 비판 없이 가부장제 사고를 받아들인 어머니가 딸이라는 또 다른 여성들을 억압하고, 그들을 가부장제 사고의 틀 속에 가둘 수 있음을 보여 주는 강력한 예시이기 때문이다. 이처럼 가부장제의 억압은 여러 세대에 걸쳐 여성들에게 크나큰 영향력을 미치기 때문에 마치 거대한 수레바퀴처럼 움직이며, 이를 벗어나는 것은 쉽지 않을 뿐 아니라 아예 억압 자체를 인식하지 못하는 경우도 있다.

가부장제 사회에서 태어나고 자란 여성인 어머니는 평생에 걸쳐 가부장적 사고를 내면화하고, 이는 곧 딸에게 전달되어 서로를 그 틀 안에 가두고 비난할 위험이 있다. 노만과 브라운(Norman & Brown, 1996)에 따르면 어머니와 딸은 서로 매우 밀접하게 연결되어 있기에 그들이 살아가는 동안 모든 경우에서 세상 그 누구보다 서로 긴밀하게 관계되어 있다는 것을 알 수 있다. 서로가 서로에게 가장 가깝게 닿아 있는 어머니와 딸은 가부장제 이데올로기에서 자유롭지 않은 것이다.

여아선호사상?

이렇듯 같은 가부장제 이데올로기하에서 억압받고 부당한 상황을 겪으며 딸들은 엄마를 이해하게 된다. 적어도 엄마를 이해하고 싶은 마음이 든다. 하지만 과연 진정으로 엄마를 이해할 수 있을지 의문을 갖는다. 모녀갈등을 살펴보면 여성의 삶을 옥죄는 사회의 코르셋이 보인다. 초저출산 사회로 거듭난 한국 사회에서 최근 '잘 키운 딸 하나 열 아들 부럽지 않다'는 목소리가 드높은 지 오래다. 남아선호사상은 아득한 옛말이며 오히려 여아선호사상이 자리 잡았다는 것이다. '딸바보'가 유행인 세태를 보고 아들과 아들을 가진 부모에 대한 역차별을 지적하는 목소리까지 나온다. 하지만 이는 또 다른 형태의 여성 억압으로 볼 수 있으며 평등에 한층 더 멀어져 여성에 대한 착취로 작용할 위험성이 다분하다. 하지만 여아선호와 남아선호는 같은 형태가 아니다. '딸'이 인기가 많은 이유로 대표되는 '애교' '살가움' '엄마와 친구가 될 수 있음' '노후에 외롭지 않음' '늙은 부모를 살뜰히 챙김' 등은 딸이 아들에 비해 '가성비'가 좋다는 판단하에 선호되는 특징이다. 투자한 비용에 비해 부모가 회수할 수 있는 긍정적인 가치가 많다는 선택적 여아선호는 절대 가부장제하의 남아선호, 혹은 여아낙태와 동등하게 취급될 수 없는 것이며, 따라서 또 다른 형태의 여성 착취가 아닌지에 대한 우려의 목소리가 나오는 것이다. 아들처럼 애지중지 키우고 많은 지원을 하지 않아도 결국 나중에 말벗 상대가 되고, 간병을 하고, 비행기를 태워 주는 것은 딸이라는 농담처럼 말이다.

여아선호 이전에 여아낙태가 있었다. 범띠 · 용띠 · 말띠 해에 태어난 여자는 팔자가 드세다는 미신은 극심한 성비 불균형을 가져왔고, 그 결과 사회는 가임여성인구의 감소와 극심한 저출산 위기를 마주하고 있다. 남아선호사상, 여아낙태는 수많은 딸을 배제시키고 기회를 박탈했다. 1970년부터 실시된 통계청의 인구동향조사를 보면 여아 100명당 남자 신생아 수는 범띠 해인 1986년에는 111.7명, 용띠 해인 1988년에는 113.2명, 말띠 해인 1990년에는 116.5명이었다. 모두 결혼 적령기인 30~34세에 걸쳐 있는 인구다(장일호, 2017에서 재인용).

여아낙태로 이어진 실질적인 남아선호사상과는 달리, 현재의 여아선호현상이 남아를 선별적으로 낙태하는 데까지는 이어지지 않았다는 점에서 여아선호사상이라는 말은 사실상 존재하지 않는다고 할 수 있다. 여전히 아들을 임신했다는 소식에 친정부모가 먼저 안심한다는 씁쓸한 경험담이 무성한 것처럼, 우리 사회에는 아직 가부장적 통념이 강력하게 작동하고 있다.

성평등을 글로나마 배운 딸들에게 처음으로 남녀차별을 경험하는 균열의 장소는 쉽사리 예상 가능한 것처럼 가정 내 작은 곳이다. 아들이 음식물 쓰레기를 들고 나가거나 설거지라도 할라치면 엄마는 고마워서 어쩔 줄 모르는 모습, 딸에게는 당연하지만 아들에게는 당연하지 않은 가사노동의 연속적인 굴레 아래 딸들은 차별을 내면화하고 당연시하게 된다. 일상 속에 존재하는 먼지 같은 차별을 매번 반복적으로 항의하는 것도 힘에 부치는 일이다.

> "엄마 레퍼토리가 있어요. 딸이나 아들이나 다 똑같은 자식이라고, 다 아픈 손가락이라고……. 정말 그런가? 내 경험은 아니라고 말하고 있는데(장일호, 2017)."

폭력의 역사, 모녀갈등

드라마 〈디어 마이 프렌즈〉는 여성 혐오로 드러나는 우리 사회 최후의 식민지, 가부장제와 여성차별의 역사를 짚어 낸다. 오늘날까지 눈부신 자태를 자랑하는 가부장제를 역사와 전통의 역사라 부르는 경우도 있다. 하지만 이는 '폭력'의 역사라고 볼 수 있다. 〈디어 마이 프렌즈〉에서는 가정폭력, 성폭력, 여성 착취와 이로 인한 다양한 가족갈등의 양상이 나타난다.

등장인물 중 '순영'의 가정폭력 피해가 드러나면서 '순영'의 가족들이 겪었던 일련의 사건들이 결코 우연히 발생한 가정 내 사건이 아닌, 폭력이 대물림되는 유구한 역사였음이 밝혀진다. 어린 시절 아버지인 '석균'이 일하던 공장 사장의 아들에게 추행을 당했던 '순영'은 사랑의 힘으로 이를 극복할 수 있을 것이라 믿으며 남편에게 그 사실을 고백하지만, 이로 인해 결혼생활 내내 폭력에 시달린다. 그러나 '순영'은 어린 시절 자신의 성추행 사실을 아버지에게 말했을 때 아버지가 보였던 '기집애가…….'라는 모멸적인 반응과 시어머니와 남편에게 온갖 시달림을 받으면서도 참는 어머니를 보며 자라 왔기 때문에 가족들에게 가정폭력 피해사실을 숨긴다. '순영'은 그동안의 삶을 통해 어머니와 가족 내 역동을 겪으며 폭력과 차별을 참고 인내하는 수동적인 여성 역할을 학습하고 가부장적 기제를 내재화한 것이다.

〈디어 마이 프렌즈〉의 어머니와 여성들이 가부장제 아래 견뎌야 했던 정신적 · 육체적 폭력의 역사는 결코 쉽게 사라지지 않는다. 남편에게 맞은 아내가 겨우 경찰서에 찾아가면 가정 내 문제라고 되돌려 세우는 세태가 아직도 크게 바뀌지 않는 세상이다. 왜 여전히 대한민국에서 여성은 일상 속에서 위협을 느끼며, 모멸감을 견뎌야 하는가? 거울 앞에 선 할머니의 얼굴에 선명하게 새겨진 가부장이란 이름의 문신은 쉽게 사라지지 않는다. 그리고 딸들에게도 같은 이름의 문신이 점점 선명해진다. 여전히 가정 내에 강력하게 작동하는 가부장제 이데올로기를 모르는 척하거나, 심지어 혐오하는 세상이 이를 반증한다.

왜곡된 모녀관계

리치(Rich, 2018)에 의하면 가부장제하에서 모녀관계는 왜곡될 수밖에 없는 구조 아래 놓여 있다. 페미니스트들은 이렇게 왜곡된 모녀관계를 재정립하는 것이 필요하다고 역설한다. 딸이 자신의 삶에서 주체성을 추구하기 위해서는 모녀관계를 재정립하거나 기존의 모녀관계를 탈피하는 것이 필요하다는 것이다.

노만(Norman)의 작품인 『출옥(Getting out)』(1998)과 『잘 자요, 엄마('night Mother)』(1992)은 여성들이 받았던 다양한 억압을 표출하여 기존의 해석과 다른 새로운 결말을 제시한다(진경선, 2005). 두 작품은 모두 남성 중심 가부장제 이데올로기의 모순을 적나라하게 비판하고, 페미니즘 메시지를 전달하여 새로운 이데올로기를 개척하고자 한다. 또한 지배집단인 남성과 달리 사회의 '타자'로 취급받은 여성이 정신적 · 육체적으로 억압받으면서도 다른 여성과의 만남과 유대 강화를 통해 주체적인 자기를 추구해 나가는 과정을 보여 준다.

이 중 노만의 『잘 자요, 엄마』는 가부장적 사회 안에서 자신의 주체적 자아를 확립하려는 '제시(Jessie)'라는 주인공을 그린다. 제시는 남성 중심의 가부장적 문화에 길들여진 어머니와의 관계에서, 삶의 주체로서의 자기 정체성을 찾는 데 실패하고 자살을 통해 불만족스러운 삶을 끝내고자 한다. 이를 통해 자살을 시도하는 딸과 이를 막으려는 엄마와의 갈등을 그리는데, 마지막 장면에 나오는 엄마의 "용서해 줘, 제시야. 나는 네가 이제껏 내 것인 줄로만 알았다."라는 대사에서 알 수 있듯 엄마는 자신의 분신이라고 생각해 왔던 딸, 제시가 하나의 주체적 자아로서의 독립을 선언하며 자신으로부터 이탈하는 과정을 처음 겪게 된다. 자살을 시도하는 딸을 저지하는 고통스러운 과정을 통해 제시의 엄마는 처음으로 자신을 둘러싸고 있는 현실을 직시하고 참된 자기인식의 과정을 겪는다.

리치(Rich, 2018)에 의하면, 모녀간의 공생관계는 자식이 잘못되었을 때 그 첫 번째 비난을 엄마에게 던져 엄마가 자식들에 대해 죄의식과 죄책감을 갖게 만든다. 자식을 제대로 돌보지 못한 데 대한 신랄한 비난의 대상이 된 엄마는 죄의식과 동시에 자기혐오를 느끼게 되며 엄마의 이러한 사고방식은 딸에게도 영향을 준다는 것이다. 리치는 딸이 이러한 심리적 과정을 겪는 엄마에게서 벗어나려 하거나 독립을 시도하기보다는 오히려 연대성을 가지기 때문에 억압의 대상인 엄마와 자신이 동일시될 것 같은 두려움으로 어머니와 심리적 갈등을 겪게 된다고 설명한다. 리치와 같은 여성주의자들은 여성의 독립적이고 온전한 정체성 획득에 있어서 무엇보다도 중요한 것은 같은 사회와 제도 안에 살아가는 여성 간의 끈끈한 유대와 단단한 결속이라고 강조한다. 그중에서도 대표적으로 나타나는 것이 바로 모녀관계다.

모녀관계의 중요성

리치는 일반적으로 모녀관계가 가부장적 관점에서만 주로 다루어지기 때문에 그 중요성과 의미가 축소되거나 아예 무시되는 경우가 대부분이라고 주장한다(Rich, 2018). 더불어 엄마와 딸의 관계는 여성에게 있어서 가장 중요한 인간관계 중 하나임에도 불구하고 기존 연구에 거의 등장하지 않는다고 지적한다. 여성이 하나의 인격체로 존중받을 수 있도록 서로 의지하고 도움을 주는 모녀관계가 여성에게 미치는 영향력이 지대함에도 모녀관계의 중요성이 주요 연구주제에서 배제되는 이유는 여성 간의 강력한 유대가 가부장제 사회에 위협이 되기 때문이다.

많은 딸이 남성중심사회에서 고통받고 있는 엄마와 자신을 동일시할 때, 딸 자신도 엄마처럼 희생자가 될 것이 두려워 엄마에게서 떠나고 싶어 한다. 이때 딸은 엄마에게서 분리되고자 하는 자아와 엄마와 유대를 형성하고자 하는 의지 사이에서 갈등한다. 리치에 따르면, 모녀관계는 여성적 삶에 있어 본질적이고 가장 핵심적인 경험인데도 불구하고 지금까지 전통사회에서 철저히 도외시되어 왔다고 설명한다. 여성 간 유대의 대표적인 형태로서 흔히 제시되는 모녀관계가 가부장제하에서 여성에게 일방적으로 요구하는 '어머니 역할' '아내 역할'만을 수행하기 때문에, 그런 엄마를 바라보는 딸은 자신의 정체성을 획득하고자 가부장제의 수호자로 여겨지는 엄마로부터 분리를 시도한다고 말한다. 따라서 가장 가까워야 할 모녀관계에 고통스러운 괴리가 존재하며, 가부장제 사회 속에서 이런 관계는 그 의미와 가치가 축소되고 절하되었다는 것이다.

그동안 부자관계에 대한 주제는 이미 개인적으로나 사회적으로 깊이 있는 주제로 여겨져 왔으며, 프로이트(Freud)의 오이디푸스 콤플렉스와 연결시켜 학문적으로도 깊이 있게 연구되었다. 단적인 예로, 밀러(Arther Miller)의 『세일즈맨의 죽음(Death of a Salesman)』(1949)은 아버지와 아들의 관계에 초점을 둔 작품으로 가정사를 다룬 미국적 비극의 대표작으로 평가받고 있다. 하지만 상대적으로 가족 내에서 똑같은 비중을 차지하고 있는 모녀관계는 부자관계에 비해 조명을 받지 못했다. 가부장적 사회에서의 부자관계, 모자관계, 부녀관계에 비해 모녀관계가 그 중요성을 부여받지 못하는 것은 가부장적 이데올로기하의 일반적인 경향이다.

성별분업과 왜곡된 어머니 역할

산업혁명이 일어나면서, 남성들은 가정 밖에서 사회적으로 더욱 더 가치가 있다고 여겨지는 노동에 관여하는 반면, 여성들은 사회적으로 인정받지 못하는 반복적이고 비생산적인 것으로 치부되는 가사노동에 메여 있게 되었다. 산업화 이전에는 가정 내에서 부부가 공동으로 해야 했던 일들이 산업화 이후 강력한 성별분업화와 전문화가 이루어짐에 따라, 남성들은 힘과 능력이 필요한 일에 투입되었고 여성들은 가정에 머물러 직장 일에 지친 남편이나 아이들이 스트레스를 풀 수 있는 휴식처를 제공하는 기능만을 담당하게 된 것이다. 이로 인해 여성은 약하고 무능력하다고 여겨지게 되었으며 남성의 보호 아래에서 정체성을 인정받는 전업주부 역할을 요구받게 되었다. 이처럼 생산과 재생산의 역할이 분명하게 분리된 19세기 산업사회의 여성들은 "여자는 집에서 애나 키우면서 '어머니 역할'을 충실히 수행하는 것이 최선이다."라는 남성주의적 논리를 받아들여야 했다.

가부장제가 요구하는 어머니 역할이란 가정 내에서 일어나는 모든 일을 여자가 맡아 해내는 것을 의미했다. 가사와 자녀 양육뿐만 아니라 남편에게는 성적 도구가 되어야 했고 자녀에게는 모범적인 엄마가 되는 동시에 자녀가 탈선하지 않도록 해야 하는 교육의 임무까지 여성이 떠맡아야 했다. 하지만 성별분업의 불공평한 역할로 인해 여성이 받는 분노와 절망감을 남편에게 표출할 수조차 없었다. 가부장제의 이러한 논리는 엄마에게 항상 인내하고 참아 내도록 강요했고 혹시라도 자식이 잘못된 방향으로 나아갈 때는 그 책임은 전적으로 엄마의 몫으로 전가했다. 결국 여성 개인의 삶은 존재하지 않고 어머니의 역할로서의 삶만이 존재하게 된 이유로 여성 내부에는 좌절감과 자기혐오, 그리고 분노가 쌓이게 되고 이러한 분노는 결국 엄마로 살아가는 여성의 삶을 왜곡시키는 결과를 가져왔다.

모성 이데올로기

가부장제 이데올로기는 남성과 여성 사이의 생물학적 차이점을 과장하여 남성은 항상 지배적 또는 남성적인 역할을, 엄마는 항상 종속적인 또는 여성적인 역할을 맡도록 규정한다. 노만에 따르면, 엄마는 자식들이 행하는 행동의 거의 모든 근본원인을 제공할 정도로 자식의 인생에 큰 영향력을 행사하며, 엄마와 딸 사이의 관계가 원만하지 못할 때 딸은 자신감과 의욕을 상실하며 자신의 삶이 공허하다고 느끼게 된다고 설명한다. 노만은 모녀관계의 왜곡요인이 어머니 역할에 대한 잘못된 인식에서 비롯되었음을 암시하며 어머니의 역할이 딸의 성장에 가장 큰 영향력을 행사한다고 강조한다.

이때 어머니 역할에 대한 잘못된 인식은 바로 엄마는 아이에게 아무런 대가를 바라지 않고 모든 것을 공급하는 희생자로서 평생을 살아가야 한다는 것이다. 이러한 역할을 감당하지 못할 때 엄마는 자녀에 대해 죄의식을 느끼게 되고 아이가 잘못했을 때는 그 책임을 자신에게 돌려 자아를 비난한다. 이러한 모성 이데올로기하에서 엄마는 가사일과 동시에 경제적으로 가족을 부양할 책임까지 수행해야 한다. 이때 엄마는 이러한 무한한 공급자로서의 역할을 딸에게 물려주고 싶어 하지 않는 반면, 아들을 통해서 대신 자아를 성취하려고 하며 아들을 통해서 외부 세계와 관계를 맺으려 한다.

여성심리학자인 초도로우(Nancy Chodorow)는 『모성의 재생산(Reproduction of Mothering)』에서 엄마가 딸을 자신의 분신이나 소유물로 생각하게 되는 이유를 다음과 같이 설명한다(Chodorow, 2008). 모녀간의 공생적 관계는 이들 사이에 뚜렷한 자아의 경계를 없애 버림으로써 엄마는 딸에게 일어나는 모든 불행에 대해 죄의식과 자책을 면치 못하게 된다. 모성이 갖는 이러한 죄의식은 가부장적 사회와 과정에 의해 더욱 강화되는데, 리치는 이를 '제도화된 모성'의 결과로 설명한다. 남자아이의 경우에는 분리-개별화 과정에서 이성인 엄마와 확실히 분리되려는 경향이 있어서 더욱 확고한 주체성을 가진다. 그에 반해 여자아이는 동성인 엄마와의 분리를 성공적으로 경험하지 못함으로 해서 엄마의 가치관을 그대로 내재하고, 그로 인해 엄마와 구별되는 자율적인 존재로 독립하기 어렵게 된다. 딸은 성인이 되면서 엄마로부터 독립하여 개별적 자아가 되고자 하는 의지와 다른 한편으로는 엄마와의 유대관계를 극복하지 못함 사이에서 갈등을 느낀다.

'좋은 엄마'가 아니라는 죄책감

결혼과 육아가 여성의 삶에 있어서 성공과 실패의 지배적인 잣대였던 시대가 있었다. 그렇다면 과연 오늘날은 어떠한가? 여전히 강력한 관습으로 우리 사회에 존재한다. '엄마다움'이나 '엄마 노릇'에 대한 세세한 기준은 여성의 학력과 소득 수준이 높아진 것과 상관없이 강력하게 작동한다. '맘충'이라는 호칭의 등장도 이러한 흐름의 연장선상에 있다. 육아에 대한 수많은 지식과 전문가들이 '좋은 엄마'가 되기 위한 여러 방법을 제안하고 매번 새로운 방법이 여성 사이에 공유된다. 이는 세대를 막론하고 여성을 억압하여 괴롭히게 되는데, 이때 엄마가 딸을 바라보는 시선은 양가적이다. 엄마는 딸의 직업적 성공을 바라면서도 때때로 딸의 일을 취미생활쯤으로 여긴다. 어째서 '나와 달리' 너는 네 자식이 먼저가 아니냐는 비난이 딸에게 향하는 것이다.

한국 근대화 프로젝트가 추진했던 핵가족은 아들 · 딸 구분 없이 하나만 낳아 잘 기르자는 구호로 상징된다. 그 덕분에 '딸만 있는 집'도 가능하게 했다. 많은 여성이 가사노동뿐만 아니라 동시에 경제적 주체로 등장했던 시기다. 하지만 이들은 일과 육아를 병행해 봤던 경험 때문에 더욱 딸이 짊어질 무게가 얼마나 큰 것임을 안다고 고백한다.

"늘 내가 '좋은 엄마'가 아니라는 죄책감에 시달렸어요. 사람들은 맞벌이하는 부부에게서 아빠의 역할은 안 물어봐요. 엄마만 찾거든. 다른 것보다 딸은 편하게 살았으면 좋겠다고 해야 할까. 아이만 잘 길렀으면 어땠을까, 나처럼 고생하지 않았으면 좋겠다, 그런 생각을 하긴 하죠. 행복이 다른 게 아닌데 싶고. 나는 그걸 많이 놓치고 살았거든요. 딸한테 말은 못했어요. 불호령이 떨어질까 봐(웃음)."(장일호, 2017)

이처럼 엄마는 딸이 정상 가족의 테두리 바깥으로 이탈하지는 않을지 전전긍긍한다. 자신이 수호해 왔거나 혹은 노력했으나 지키지 못했던 '가족적 가치'를 딸이 지키기를 원한다. "네가 뭐가 부족해서 결혼을 못하느냐."라는 말도 모녀갈등 시 등장하는 엄마들의 단골 대사다. 소설 『딸에 대하여』(김혜진, 2017)는 이 지점에서 우리 사회에 중요한 질문을 던진다. 동성 애인을 둔 딸에게 엄마는 이렇게 묻는다. "너희가 가족이 될 수 있어? 어떻게 될 수 있어? 혼인신고를 할 수 있어? 자식을 낳을 수 있어?" 딸은 답한다. "엄마 같은 사람이 못하게 막고 있다고는 생각 안 해?" 소설은 그토록 공고히 자리한 가족에 대한 정의를 과감하게 해체시킨다. 이는 엄마의 삶 속에서 생겨난 딸이, 조건 없는 애정과 보살핌 속에서 자라난 그 존재가 사실은 독립된 '개인'이었다는 것을 증명해 나가는 과정인 것이다.

참고문헌

강준수(2016). 『세일즈맨의 죽음』에 나타난 공동체의 붕괴. **인문학연구, 102**, 103.

김반아, 박범준(2017). **나는 왜 엄마에게 화가 날까**. 경기: 예담.

김혜진(2017). **딸에 대하여**. 서울: 민음사.

박주은, Park, J. (2009). 마샤 노먼의 『잘 자요, 엄마』 연구: 모녀관계를 통해 본 여주인공의 정체성 찾기. **영어영문학연구, 4**, 39.

원현주(2017). 『어느 세일즈맨의 죽음』에 나타난 비극의 원인. **교육연구, 100**.

정귀훈(2012). 포르노그래피적 응시와 여성의 욕망: 마샤 노먼의 『출옥』. **현대영어영문학, 56**(3), 147.

진경선(2005). 모녀관계의 재정립을 통한 자아탐구: 노만의 작품 『출옥』과 『엄마, 안녕』을 중심으로. 서울시립대학교 대학원 석사학위논문.

최미선(1993). 가부장제 사회의 모녀관계에 대한 고찰. 이화여자대학교 대학원 석사학위논문.

가야마 리카(2018). **딸은 엄마의 감정 쓰레기통이 아니다 가까울수록 상처를 주는 모녀관계 심리학**. (김경은 역). 서울: 걷는나무.

아사쿠라 마유미, 노부타 사요코(2017). **나는 착한 딸을 그만두기로 했다: 벼랑 끝을 달리는 엄마와 딸을 위한 관계 심리학**. (김윤경 역). 서울: 북라이프.

Chodorow, N. (2008). **모성의 재생산**. (김민예숙, 강문순 공역). 서울: 한국심리치료연구소.

Norman, M. (1992). **잘 자요 엄마**. (신은수 역). 서울: 예니.

Norman, M., & Brown, L. G. (1996). *Marsha Norman: A Casebook*. Routledge.

Rich, A. (2018). *Essential Essays: Culture, Politics, and the Art of Poetry*. Adrienne Rich Literary Trust.

Tannen, D. (2017). **엄마, 왜 나한테 그렇게 말해?: 서로 덜 상처받고 더 이해하고 싶은 엄마와 딸을 위한 대화법**. (김고명 역). 경기: 예담.

Tong, R. (2013). *Feminist Thought: Comprehensive Introduction*. Routledge.

드라마 **디어 마이 프렌즈**(2016).

장일호(2017. 10. 13.). 나는 엄마처럼 안 살아, 근데 왜 이렇게 눈물이 나지? 시사IN.

〈디어 마이 프렌즈〉 2, 모녀관계의 갈등 그리고 화해

조수현

모녀관계의 이상화와 갈등

리베카 솔닛(Rebecca Solnit)은 『멀고도 가까운(The Faraway Nearby)』(2016)에서 알츠하이머를 통해 엄마와 딸의 관계를 탐색한다. "엄마는 아들들에게는 당신의 문제를 늘 숨겨 왔다. 그들은 엄마의 가장 좋은 모습만 상영하는 극장의 관객이었고, 엄마도 그걸 바라셨다. 나는 늘 무대 뒤에, 상황이 훨씬 지저분한 곳에 머물렀다." 솔닛의 엄마 역시 자신의 두 아들이 하는 일은 중요하고 딸이 하는 일은 부차적인 것("너는 집에서 일하잖니.")으로 여겼다. 엄마에게 어떠한 문제가 생길 때마다 딸에게 더 쉽게 손을 내밀 수 있었던 이유가 바로 이것이며 아직까지도 우리 사회의 많은 딸이 비슷한 감정적 문제를 호소한다. '내가 널 어떻게 키웠는데'와 같은 '키워준 값'에 대한 청구서는 정서적으로 가까운 딸에게 더 자주 도착한다. 『나는 착한 딸을 그만두기로 했다』(2017) 등의 저서로 국내 독자에게도 익숙한 가족 심리상담 전문가 노부타 사요코는 상담 현장에서 접한 다양한 사례를 바탕으로 여성이라는 몸을 공유하는 모녀, 자신 안에 내재한 여성 혐오를 딸에게 투사하면서도 다른 한편으로는 딸을 통해 다시 태어나고 싶어 하는 엄마의 심리를 이렇게 분석한다.

> "내가 널 어떻게 키웠는데……."
>
> "너 아니면 내가 어디에 얘기하느냐."

다정하게 팔짱을 끼고 데이트를 즐기며, 일상의 소소한 고민을 나누는 모녀. 하지만 '친구 같은' 딸에게는 아무에게도 털어 놓지 못한 고민이 있다. 엄마와 함께 있는 시간이 마냥 기쁘지만은 않다는 것이다. 『딸은 엄마의 감정 쓰레기통이 아니다』(2018)의 저자 가야마 리카는 엄마의 사랑과 보살핌 속에서 자란 딸들이 이토록 엄마로 인해 괴로워하는 이유는 무엇일까에 대해 모녀관계의 적절한 거리 두기를 강조한다. 지극히 평범한 엄마도 딸에게 상처를 줄 수 있으며 사람과 사람 사이에는 숨통을 틔워 줄 거리가 필요한데, 엄마와 딸은 너무 가까운 관계이기에 의도치 않게 서로 상처를 주고받게 된다는 것이다. 딸을 자신의 분신이라 생각한 엄마는 딸의 인생에 사사건건 간섭하며, 자신이 못다 이룬 꿈을 딸에게 투영한다. 딸만큼은 자신을 이해해 줄 거라 믿으며 하고 싶은 말을 여과 없이 쏟아 내기도 한다. 딸은 이런 엄마의 말과 행동에 화가 나고 상처를 받지만, 그 마음을 엄마에게 전하기는 쉽지 않다.

운전석과 조수석에 나란히 앉아 말로 전하기는 쑥스러운 말들을 문자로 주고받는 모녀, 갱년기 장애로 우울해하는 엄마에게 건강식품이나 화장품을 건네는 딸, 입덧으로 힘들어하는 딸의 집에 몰래 찾아가 음식을 해 주는 엄마……. 이렇듯 우리는 대개 바람직한 모녀 이미지를 주로 소비해 왔다. 그래서 다큐멘터리 〈착한 내 딸의 반란〉 속의 나쁜 딸들과 "잘못했다 그래, 나한테. 나한테 왜 그랬어, 내가 엄마 거야? 엄마가 낳았으니까 엄마가 죽여도 돼? 내가 왜 엄마 거야?"(드라마 〈디어 마이 프렌드〉)라고 소리치는 '박완'이라는 캐릭터, 그리고 '딸은 엄마의 감정 쓰레기통이 아니다.'라는 요지의 SNS 글은 많은 딸에게 공감을, 많은 엄마에게는 충격을 주었다. 쇼핑부터 여행까지 모든 일상을 함께하는 단짝 친구 같은 모녀라는 이상과 극도의 모녀갈등을 겪고 있는 현실, 양극단의 괴리는 딸과 엄마로 살아가는 우리 사회의 많은 여성에게 혼란과 이질감을 가져다 주고 있다.

엄마에게 딸은 아들처럼 이질적인 존재가 아니라, 자신의 복제 같은 존재다. 또 다른 나인 것이다. 엄마는 아들에게서 '나와 다르다'는 설렘과 전율을 느끼지만, 딸에게는 '나와 같다'는 안도감을 느낀다. 누구보다 딸을 잘 안다는 딸에 대한 자신감은 아들의 경우와는 달리 나이가 들어도 변함이 없다. 오히려 딸이 어른이 될수록 엄마는 과거의 자신을 떠올리며, 인생 선배로서의 자부심을 키워 간다. 그럴수록 딸은 절대 자신의 곁을 떠나지 않을 거라는 엄마의 확신과 만약 딸이 떠나가면 어떻게 살아갈지에 대한 불안도 함께 깊어진다.

『나는 엄마가 힘들다』(2017)는 일본의 정신과 전문의이자 비평가인 사이토 다마키와 일본의 유명 문인들이 대담 형식으로 모녀갈등의 양상과 원인에 대해 분석하고 모녀관계의 회복을 고민한 모녀관계 보고서다. 모녀관계는 사랑과 연민, 원망, 애증, 동정, 질투, 죄책감 등이 섞여 저마다 복잡하고 다양한 양상을 보인다. 지나치게 억압적인 엄마 때문에 괴로워하는 딸이 있는가 하면, 엄마와의 관계가 너무 가까워 의존도를 낮추지 못해 갈등을 겪는 모녀도 있다. 언뜻 보기에 이는 개인과 개별·가정의 문제로 보이지만 갈등의 원인과 배경을 자세히 들여다보면 성차별과 여성 혐오, 가부장제, 세대갈등 등 수많은 사회적 문제가 복잡하게 얽혀 있다. 일본과 우리나라처럼 가부장적인 가족관이 여전히 당연시되는 환경에서 엄마로, 며느리로, 딸로 여성이 겪는 억압과 착취, 감정 노동은 필연적으로 '아빠 소외'를 비롯해 엄마와 자녀 간의 밀착관계를 낳을 수밖에 없고, 여기에 성 편견의 무의식적 수용에서 비롯된 육아 방식까지 더해지면 모녀는 필연적으로 과도하게 밀착될 수밖에 없는 구조가 된다는 것이다.

엄마는 딸의 외모 관리자

딸이 최초로 자신의 외모를 평가받는 대상은 다름 아닌 바로 엄마다. 사이토 다마키는 대담집 『나는 엄마가 힘들다』에서 모녀관계의 특수성을 몸에 대한 동일시에서 찾는다.

> "사회가 여성에게 요구하는 여성다움을 지향하는 훈육의 핵심은 '여성다운' 몸과 태도를 기르는 데 있다. …… (중략) …… 딸에 대한 엄마의 훈육은 딸의 몸을 거의 무의식적으로 지배함으로써 시작된다. 모녀 문제의 발단에는 이런 '신체적 동일화를 통한 지배'가 있다. 모자, 부녀, 부자관계에서는 볼 수 없는 속성이다."

사이토 다마키에 따르면, 엄마와 딸은 신체적 동일화를 이루며 때로 엄마는 딸을 통해 자신의 인생을 다시 살고 싶은 충동을 느끼기도 한다. 신체적 동일시와 이로 인한 신체적 관리는 고압적인 명령에 의한 것이 아니라 표면상으로는 헌신적인 선의에 의해 행해지기 때문에, 엄마의 통제와 지배에 반항하는 딸들은 '그래도 엄마는 나 생각해 준다고 하는 말인데'와 같은 종류의 죄책감을 가지게 된다. 그렇다고 엄마의 과도한 관심을 그대로 받아들이려면, 딸은 자신의 욕망을 포기하고 타자의 욕망(정숙하고 사랑스러운 여성)의 대상이 되어야 하므로 내부에서 분열이 발생한다. 따라서 어머니의 지배에 저항하든 따르든 딸은 모녀관계 속에서 일종의 '공허'를 느낄 수밖에 없다.

가부장적 이데올로기에 기반을 둔 딸들의 외모 관리는 애초부터 분열을 내포하고 있다. 여성의 신체는 외모와 동일시된다는 가부장적 공식 속에는 남성인 타자의 욕망을 부추기는 존재가 되라는 명령, 나아가 본질적인 면에서는 자신의 욕망을 버리라는 명령이 포함되어 있다. 이러한 명령을 충실하게 이행하면 매력적인 외모에 얌전한 성격을 가진, 가부장적 사회 안에서 이상적인 여성이 완성된다.

미국 조지타운 대학 교수인 데보라 태넌(Deborah Tannen)은 『엄마, 왜 나한테 그렇게 말해?』(2017)에서 몸에 대한 모녀갈등의 원인이 사회적 분위기에 있다고 분석한다. "여성은 나이를 막론하고 외모로 평가를 받고, 사회에는 개인이 절대 벗어날 수 없는 미의 기준이 존재한다."와 같은 극심한 외모지상주의와 여성에 대한 억압이 심각한 사회 분위기 속에서 엄마는 자연스레 딸의 얼굴과 몸에 자신의 책임이 있다고 생각한다. 그렇게 때문에 친구 · 가족 · 미디어 등 불특정 다수의 심사위원에게 딸이 어떻게 비추어질지 관리하고 좋은 평가를 받는 일을 자신의 성과이자 자랑으로 여기게 된다.

반면, 딸의 미를 관리하고 철저하게 통제하는 것과는 달리 극단적으로는 추함을 선호하기도 한다. 젠더 폭력이 만연한 사회가 딸을 지켜 주지 않는다고 생각하기 때문이다. 이는 경험에서 우러나온다. 사이토(2017)에 따르면, 성폭력의 원인이 외모가 아니라는 것은 알지만 성폭력의 다양한 사회구조적 원인과 가부장제를 타파하는 것보다는 차라리 외모가 원인이라고 생각하는 것이 편하기 때문이다.

"제가 매일 밤 일 마치고 집에 돌아와서 자는 어린애 붙잡고 기도했던 게 뭔 줄 아세요? 예쁜 외모로 자라지 말아달라고 했어요. 누구 눈에도 띄지 말아 줬으면 했죠. 엄마가 24시간 지켜 줄 수 없는데 누가 해치기라도 할까 봐……."

엄마와 딸 사이의 얽히고 꼬인 감정선

"밥은 먹었니?" "넌 왜 그렇게 엄마한테 전화를 안 하니?" "엄마랑 통화하는데 목소리가 왜 그래?" "무슨 일 있어?" 이러시다가 "너는 엄마 생각도 안 나니?" "딸이 되어서 왜 그리 이기적이니?" "다른 집 딸들은 엄마한테 살갑게 구는데 너는 도대체 엄마한테 왜 그러는지 모르겠다."(김반아, 박범준, 2017)

끊임없이 이어지는 엄마의 애정 어린 전화벨 소리는 어느새 딸들에게 큰 부담이 된다. 매번 가벼운 안부인사로 시작해 신세 한탄 레퍼토리로 끝나는 엄마의 반복되는 전화가 딸들에게는 마치 고문처럼 느껴진다. 하지만 부담과 답답함을 느낌과 동시에 엄마의 관심과 애정을 부담스럽게 여기는 스스로에 대한 죄책감이 곧이어 따라온다. 이전에는 남들이 부러워할 정도로 친한 엄마와 딸이었던 스스로를 떠올리며 자책하고 어머니에게 살갑게 대하지 못하는 스스로를 죄스럽게 여긴다. 하지만 딸들은 엄마가 과연 뭘 원하는 건지, 자신이 뭘 어떻게 해야 할지 정확히 알 수가 없다.

결혼 이후 딸들은 엄마에 대해 더욱더 복잡한 감정을 호소한다. 애틋하고 그리운 마음과 섭섭하고 억울한 마음이 공존하는 애증과 같은 감정에 괴로워하기도 한다. 날이 갈수록 애틋해지는 엄마에 대한 감정이 하나의 감정선을 이루고 차별, 갈등, 미움으로 이루어지는 다른 감정선이 한 데 얽혀 엄마와 딸의 복잡한 감정의 실타래를 엮어 간다. '밥은 먹었니?'라는 엄마의 물음에 짜증부터 샘솟는 것은 이러한 질문이 단순히 안부를 묻는 질문이 아니기 때문이다. 오랜 시간 동안 엄마와의 관계에서 쌓인 감정과 상처, 과거들이 있기 때문에 딸은 엄마의 말을 있는 그대로 받아들일 수 없다. 딸과 엄마 사이에는 그 어떤 논리로 설명하기 어려운 감정의 역사가 놓여 있다. 엄마와 딸 사이에 팽팽하게 놓인 애증의 감정선은 아직까지도 우리 사회를 살아가는 많은 딸이 겪고 있는 현실이다.

효도의 재정의가 필요하다

엄마와 딸의 갈등은 여성을 독립적인 주체로 보지 않고 누군가의 엄마, 어떤 가정의 딸로 국한했던 구시대의 병폐다. 아사쿠라 마유미와 노부타 사요코(2017)에 따르면 지금까지 엄마라는 존재는 '모성'이라는 말로 포장되어 아이를 위해 모든 것을 희생하고 바쳐야 하는 숭고한 사람으로 인식되었다. 엄마는 자신이 희생한 시간을 딸을 통해 보상받고 대리만족하려 하지만 때로 자신이 가지 못한 길을 걷는 딸을 보며 질투하기도 한다. 결국 정답은 내 안에 있다. 다른 사람에게 인정받기 위해 애쓰기보다는 스스로 자신을 인정하고 있는 그대로의 나를 사랑하려는 노력이 필요하다. 그 과정에서 부모님을 애써 떼어 내려고 할 필요도, 죄책감을 느낄 필요도 없다. 관계로 인한 고통에서 벗어나 나답게 살기 위해서는 모녀간 적당한 거리 유지가 필수적이다. 적당한 거리를 유지하면서 상대방과 타협하고 양보하기 위해서는 자신이 강해져야 한다. 자식은 부모와는 다른 가치관을 지닌 새로운 존재로 정서적으로 조금 더 가까운 타인과 다름없다. '자라면서 부모님을 행복하게 해 준 것만으로도 효도는 다 했다'고 생각한다면 한층 자유롭게 자신의 인생과 마주할 수 있게 될 수 있다.

엄마와 딸의 화해

드라마 〈디어 마이 프렌즈〉에서 딸 '박완'은 과거 엄마가 자신과 함께 죽으려고 했던 사건을 이야기하며 앞으로 자신의 인생에 끼어들지 말라는 말을 시작으로 마음속에 품었던 상처를 엄마 앞에 하나씩 꺼내 놓는다. '박완'은 엄마가 약을 먹인 순간부터 자신의 인생이 엄마 것이라는 걸 알게 되었다며, 엄마 때문에 애인인 '서연하'를 버리게 되었다며 원망한다.

> "나한테 잘못했다고 그래. 내가 엄마 거야? 엄마가 낳았으니까 엄마가 죽여도 돼?"

'박완'의 엄마 '장난희'는 감정에 복받쳐 스스로의 몸을 다치게 하는 딸이 두려워 온 몸으로 껴안으며, 극도로 고통스러워한다. 하지만 다음 날 모녀는 평소처럼 아침을 맞이한다. '박완'은 힘든 엄마를 이해하면서도, 애인을 버린 것에 대한 죄책감과 이기심 때문에 만만한 엄마를 탓했다며 미안한 마음을 전한다. 그리고 자신과 싸우다 다친 엄마의 손에 반창고를 붙여 주며 화해한다. "한두 번 싸워? 어색하게 왜 그러세요."라는 말처럼, 많은 말을 하지 않아도 느낄 수 있는 엄마와 딸의 화해다. 깊은 상처를 주고받았지만 결국 서로의 상처 받은 마음을 어루만지는 모녀의 모습은 엄마와 딸로서만 그들이 존재하는 것이 아닌, 같은 가부장적 사회를 살아가는 여성으로서의 우정 어린 연대를 보여 준다(조윤선, 2016).

서로에 대해 질문하다

여성 간의 우정 어린 연대와 제대로 된 홀로서기를 위해서는 엄마와 딸 사이의 적당한 거리 두기가 필수다. 사람과 사람 사이에는 숨통을 틔워 줄 거리가 필요한데, 전통적인 엄마와 딸은 너무 가까운 관계이기에 의도치 않게 상처를 주고받게 된다. 너무 밀착된 관계 속에서 압박감을 느끼는 것보다는 적당한 거리 속에서 서로에 대한 관심과 애정이 원활히 유지될 수 있다.

어린 시절 엄마와의 애착관계는 성인기까지 이어지는 경우가 많으며, 다른 사람들과 관계 맺는 방식에도 영향을 미친다. 엄마와 딸의 관계는 애착관계뿐만 아니라 노화를 받아들이는 방식과 노후 준비에도 지대한 영향을 미치게 된다. 딸이 자라 어른이 되었듯, 엄마는 노인이 된다. 엄마의 보살핌을 받던 딸이 반대로 엄마의 보호자가 되는 시기가 찾아온다는 뜻이다. '백세 시대'라 불리는 요즘에는 노년기 부모와 성인기 자녀가 함께 보내는 시간이 가장 길다. 복잡한 감정의 실타래로 엉켜 있는 모녀에게는 이 시간이 힘겹게 느껴질 수 있다. 나이 든 엄마와 함께 보내는 시간을 조금 다른 어른이 될 기회로 삼을 수 있으며 엄마를 보며 나이 든 자신의 모습을 상상해 보고, 어떻게 하면 성숙한 어른으로 나이 들 수 있을지 생각해 볼 수 있는 소중한 발판으로 삼을 수 있다.

엄마가 어떤 사람이든, 딸의 인생에 엄마만큼 큰 영향력을 가진 사람은 드물다. 성인이 되어 '나다운 삶'을 살고자 하는 딸들이 '엄마'라는 타인을 반드시 먼저 살펴야 하는 이유다. 이상적인 모녀관계를 상정한 후 이를 강요하는 사회 분위기 속에서 살아가는 많은 딸은 자신도 모르는 사이에 엄마에게 스트레스를 받고, 엄마를 미워한다는 자책감에 괴로워할 수 있다. 하지만 살아가면서 마주치는 다른 사람들과 마찬가지로 엄마도 엄연한 타인이라는 사실을 받아들이는 것은 매우 중요하다. 대부분의 인간관계는 스트레스를 동반하고 엄마라는 타인과의 관계에서 스트레스를 받는 것도 지극히 당연한 일이다. 세상의 모든 딸이 엄마로 인해 크고 작은 스트레스에 시달리고 있으며 엄마를 마냥 사랑하거나 존경하지 못한다고 해서 자책할 필요는 없다.

가부장제 속에 파묻힌 엄마를 찾기 위해, 또 딸을 찾기 위해서는 각자의 질문과 이야기가 필요하다. 가부장제 위에서 모녀가 연대하는 방법도 그 목소리로부터 출발할 것이다. 엄마와 딸이 서로에게 어떤 질문을 선물할 수 있을까에 대해, 데보라 태넌은 아래와 같이 말하며 엄마와의 갈등이 결국 둘 사이의 진정한 대화로 풀릴 수 있음을 강조한다.

> "몇 년 전만 해도 누가 물었으면 나는 평생 엄마에게서 벗어나기 위해 애썼다고 말했을 것이다. 지금 누군가 묻는다면 나는 평생 엄마를 찾기 위해 애썼다고 말할 것이다."

참고문헌

김반아, 박범준(2017). **나는 왜 엄마에게 화가 날까**. 경기: 예담.

김선미(2005). **모녀지정: 우리 시대 어머니와 딸 20인의 이야기**. 서울: 북라인.

김승희, 윤석남(2003). **김승희. 윤석남의 여성이야기**. 서울: 마음산책.

박신규(1992). 딸의 체험을 통해 본 모녀관계의 성격과 변화: 30대 전문직 여성 사례연구. 이화여자대학교 대학원 석사학위논문.

박윤희, 박정현(2011). **딸은 엄마보다 한 발짝 느리다: 내 딸을 어른으로 떠나보내기 위한 첫 번째 여행**. 서울: 웅진지식하우스.

손정연(2017). **나는 엄마와 거리를 두는 중입니다: 애틋하면서도 같이 있으면 답답한 모녀관계, 불편과 갈등을 이해하기 위한 심리학 수업**. 서울: 팜파스.

안소미(2010). 여성학대와 프랑켄슈타인에 나타난 모녀 관계. 이화여자대학교 대학원 석사학위논문.

이기숙(2015). **모녀 5세대: 한국 근현대 100년을 관통하는 여성들의 삶**. 부산: 산지니.

진경선(2005). 모녀관계의 재정립을 통한 자아탐구: 노만의 작품 『출옥』과 『엄마, 안녕』을 중심으로. 서울시립대학교 대학원 석사학위논문.
재등환, 김재원(2017). 엄마는 딸의 인생을 지배한다: 모녀관계, 그 끝없는 애증의 늪에 관한 가이드북. 서울: 꿈꾼문고.
최미선(1993). 가부장제 사회의 모녀관계에 대한 고찰. 이화여자대학교 대학원 석사학위논문.
피오나(2011). 여자는 왜 여자 때문에. 서울: 마젤란.

가야마 리카(2018). 딸은 엄마의 감정 쓰레기통이 아니다: 가까울수록 상처를 주는 모녀관계 심리학. (김경은 역). 서울: 걷는나무.
사이토 다마키, 다부사 에이코, 가쿠타 미쓰요, 하기오 모토, 노부타 사요코, 미나시타 기류(2017). 나는 엄마가 힘들다. (전경아 역). 서울: 책세상.
아사쿠라 마유미, 노부타 사요코(2017). 나는 착한 딸을 그만두기로 했다: 벼랑 끝을 달리는 엄마와 딸을 위한 관계 심리학. (김윤경 역). 서울: 북라이프.

Richesin, A. N. (2013). 엄마, 미안해 그리고 사랑해: 세상 모든 딸들에게 들려주고 싶은 이야기. (조자현 역). 서울: 예인.
Solnit, R. (2016). 멀고도 가까운: 읽기, 쓰기, 고독, 연대에 대하여. (김현우 역). 서울: 반비.
Tannen, D. (2017). 엄마, 왜 나한테 그렇게 말해?: 서로 덜 상처받고 더 이해하고 싶은 엄마와 딸을 위한 대화법. (김고명 역). 경기: 예담.

다큐멘터리 착한 내 딸의 반란(2017).
드라마 디어 마이 프렌즈(2016).
조윤선(2016. 06. 11.). '디어 마이 프렌즈' 고두심-고현정 모녀의 화해. 스포츠조선.

〈아무르〉, 사랑하는 삶과 존엄한 죽음에 대하여

성정현

우리나라 전체 인구 중 65세 이상 인구는 2018년 현재 약 14.2%를 차지하고 있으며, 유소년인구(0~14세) 100명에 대한 고령인구(65세 이상)의 비율을 뜻하는 노령화 지수는 110.4%에 이른다(통계청, 2018). 고령화 추세가 급속히 진행되는 점을 고려하면, 초고령 사회로의 진입도 멀지 않았다. 의학의 발달로 앞으로는 대부분 백세 시대를 살아갈 것으로 전망되는 점은 분명 긍정적인 일이다. 하지만 나이가 들수록 집안에서든 집밖에서든 하고 싶은 일을 할 수 있는 통제력이 줄고 외부 지원에 의존해야 하는 경우는 점차 늘어, 과연 우리가 당면할 백세 시대를 어떻게 향유할 수 있을지, 어쩌면 인간다움을 잃지 않고 버텨 내는 것이 훨씬 더 중대한 관심사가 되지는 않을지 걱정이 앞선다.

65세 이상 노인에게 삶의 질은 개인적 건강과 가족의 여유로움, 사회적 돌봄 인프라와 정부정책과 밀접한 연관성을 갖는다. 그러므로 이와 같은 요소가 뒷받침되지 않으면, 엄청난 축복인 장수도 미래에 대한 불안과 두려움, 즉 가족과 이웃을 사랑하며 살아온 삶을 존엄한 죽음으로 마무리하지 못할지도 모른다는 두려움으로 다가올 것이다.

UN 사무총장이었던 코피 아난(Kofi Annan)은 "2050년 지구촌 인구 대역전 시대의 인구고령화를 위한 급속한 진전은 시한폭탄이 되고 있다."라고 하면서 세계적 위협으로 언급한 바 있다(정순둘, 최혜지, 배은경, 이경민, 2011: 814에서 재인용). 이는 고령화 사회에 대한 준비가 미흡할 때, 장수의 축복보다는 젊은 세대의 노인부양 부담 증가, 세대 간 일자리 경쟁, 경제성장 둔화, 삶의 질 저하, 성장 동력 감소, 연금과 복지 및 의료 관련 재정지출의 급증으로 인한 재정위기의 위험 등으로 역습을 맞을 수 있음을 의미하는 것이다.

물론 고령사회를 인식하는 데 있어 수명연장을 심리사회적 성취로 해석하고 이를 잘 보호해야 할 기회로 봐야 한다는 견해도 있다(정순둘, 김성원, 2012). 버틀러(Butler)는 고령화를 하나의 역사적 혁명이며, 새로운 기회와 성숙한 사회를 제공할 수 있는 기회이자 도전이라고 하였으며(Butler, 1996: 경기사회복지재단, 2016에서 재인용), 계봉오(2016)는 인구고령화가 진행되는 동안 경제성장과 교육수준의 향상, 건강 수준의 향상 등 다른 사회경제적 발전과 함께 진행되기 때문에 인구고령화의 부정적 영향을 어느 정도 상쇄할 수 있을 것이라는 다소 긍정적인 해석을 내 놓기도 하였다. 하지만 이러한 긍정적 해석은 고령사회에 대한 일정 정도의 준비가 갖추어진 사회에 해당할 뿐, 우리 사회는 아직 급속한 고령화 추세에 대응할 만한 개인적 · 사회적 준비가 미흡하여 대부분 성공적 노화의 어려움, 건강 유지 및 가족의 부양 부담과 노인 단독가구의 증가, 사회적 보호 체계의 미비, 재원 부족, 안전 문제, 경제성장 잠재력 등을 우려하는 상황에 놓여 있다(정순둘, 김성원, 2012). 그리고 이런 부정적 전망은 현재 노인 빈곤과 노인 부양 부담에 따른 세대 간 갈등 등의 사회적 고통으로 가시화되고 있다.

고령화에 대한 개인적 · 사회적 준비의 미흡으로 나타나는 여러 가지 부작용에 대한 응급조치로 정부는 노인 기초연금과 노인 장기요양 보험제도, 그리고 노인주거 및 의료복지시설 서비스 제공 등을 확대해 가고 있다. 이 중 노인 장기요양 보험제도와 노인주거 및 의료복지시설은 고령으로 인한 건강 및 돌봄과 연관된 것으로, 그 서비스 대상이 증가하면서 요양원과 요양병원도 급속히 증가하였다. 맞벌이가 증가하고 돌봄에 대한 인식이 달라지면서 그야말로 노인 돌봄의 사회화가 급속히 이루어지고 있는 것이다.

하지만 부작용도 만만치 않다. 우리나라는 오갈 곳 없는 아동과 여성의 복지를 시설복지에 의존해 온 역사가 매우 긴 나라인 만큼 탈시설화의 길도 멀고 먼데, 노쇠한 노인 돌봄에 대한 국가 책임을 수행하고 맞벌이를 해도 살기 힘든 가족의 부양 부담을 덜어 준다는 명목으로 내놓은 주된 복지 대안은 결국 노인이 거주하던 곳에서 생의 마무리를 준비하는 것이 아니라 요양원과 요양병원이라는 대안으로 치중되고 있다. 물론 노인 장기요양 보험제도를 통해 등급을 나누고 등급별로 재가 서비스를 이용할 수 있는 시간을 할당하기도 한다. 그러나 3급만 되어도 시설요양이 가능하도록 함으로써 요양원과 요양병원으로의 진입 장벽을 낮춰, 이 과정에서 자녀의 부담을 생각하여 전혀 의사를 내비치지 못하는 노인들의 의사와 권리행사는 뒷전이 되어 버렸다. 가난하든 부유하든 내가 살던 집에서 이미 알던 사람들을 만나며 살다 존엄한 죽음을 맞고 싶은 마지막 소망을 뒤로 한 채, 낯선 곳에서 낯선 요양보호사가 정해 준 프로그램대로 움직이거나 움직여지며 시간을 때우다가 삶을 마무리하게 되는 것이다.

미카엘 하네케(Michael Haneke) 감독의 프랑스 영화 〈아무르(Amour)〉(2012)는 이런 삶을 거부한 노부부의 삶을 처절하게 보여준다. 아무르는 사랑(love)을 뜻하는 용어로, 삶의 종착역에 다다른 노부부의 평화로운 일상과 부부 중 한 사람이 건강 문제로 존엄성을 상실하게 될 위기에 다다랐을 때 상대방에 대한 존중과 진정한 사랑을 담아 최선을 다하는 모습을 보여 준다. 82세의 장-루이 트랭티냥(Jean-Louis Trintignant)과 85세의 엠마누엘 리바(Emmanuelle Riva)가 열연한 음악가 출신의 노부부 '조르주'와 '안느'는 지인들의 음악회에 초대되어 음악을 감상하고 사람들을 만나며 행복하고 평화로운 일상을 살아간다. 젊은이들보다 모든 행동이 느리고 간혹 잊는 것도 많지만, 서로를 잘 아는 부부는 서로 옷을 챙겨 주고 모자를 씌워 주며 우산을 챙겨 함께 산책하면서 긴 하루를 느릿느릿 살아간다. 그러던 어느 날 안느가 갑자기 전신마비 증세를 보여 반신불수가 되면서 모든 것을 누군가의 도움에 의존해야 하는 상황에 처하자, 주변에서는 그녀를 요양병원으로 보내자고 한다. 심지어 딸도 아버지 혼자서는 감당할 수 없으니 요양병원으로 보내자고 하지만, 정작 80대 노인인 조르주는 '결코 그런 곳에 보낼 수 없다'고 선언하고 24시간 의존해야 하는 아내 안느를 돌보는 데 주력한다. 주변 이웃의 도움을 받으면서 음식거리 장을 보고 식사를 준비하며 안느를 씻기는 등 모든 돌봄을 감당해 나간다. 안느의 상태가 더욱 나빠져 가고 심지어 음식을 삼키지 못할 정도로 몸이 굳어가는 상황에서도 꿋꿋이 버텨 오던 어느 날, 조르주는 아내를 돌보는 요양보호사가 안느를 제 뜻대로 조종하려 하면서 안느를 인격체로 존중하지 않는 모습을 보자 그 자리에서 요양보호사를 해고하고 혼자 안느를 돌본다. 점점 악화되는 아내를 돌보는 일이 힘에 겨워지고, 게다가 아내 역시 식물인간이나 다름없는 처지가 된 자신을 돌보는 남편을 지켜 보며 괴로워하다 음식 삼키기를 거부하기에 이른다. 자신도 힘이 드는데 삶을 포기하려는 아내에게 화가 난 조르주는 그만 안느의 뺨을 때리고 만다. 조르주의 행동에 놀란 눈으로 자신을 쳐다보는 아내를 망연자실하여 내려다보던 조르주는 그 자리를 떠나 깊은 고민에 빠지고, 며칠 후 베개로 안느를 압박하여 숨을 멈추게 한다. 아무 일도 없었던 듯 조르주는 며칠간 안느를 위한 아름다운 장례식을 준비하여 안느의 죽음을 기리고, 자신도 떠난다.

이 영화는 제목처럼 반세기 이상을 함께 살아온 노부부의 모습을 통해 진정한 사랑이란 무엇일지에 대해 다시금 생각해 보게 한다. 자신이 가장 사랑하는 사람을 베개로 압박하여 기대여명보다 조금이라도 더 빨리 죽음에 이르게 한 사실 하나만으로 조르주의 행동을 배우자 살인이라 규정할 수도 있을 것이다. 하지만 지극히 사랑했던 아내가 인간으로서의 존엄성을 더 이상 유지할 수 없을 때, 아니 더 이상 그와 같은 대우를 받지 못할 것 같을 때, 아내를 위해 사랑하는 사람이 선택한 대안에 대해서는 쉽사리 법과 제도의 틀에서 정죄하기 어려울 듯하다. 어쩌면 사랑하면서 살고, 존엄하게 죽음에 이르고자 하는 것이 모든 인간의 의지이자 소망일 것이기 때문이다.

필자도 이와 같은 존엄한 죽음, 인간다운 죽음에 대한 판단의 기로에 놓인 적이 있다. 20여 년 전 5남매를 남부럽지 않게 키워 내신 아버지가 60세 이상 연령대에서 높은 발병률을 보이는 뇌경색으로 반신불수가 되셨다. 자수성가형인 아버지는 그 책임감이 얼마나 크고 철저했는지, 밤이면 많은 세상 고민에 휩싸여 홀로 담배를 뻐끔뻐끔 피시며 날을 새시곤 했다. 기어이 아버지는 막내가 대학을 졸업하자 책임감의 긴장이 풀리기라도 한 것인지 얼마 안 있어 쓰러지시고야 말았다. 하지만 그때는 반신불수가 되신 아버지의 돌봄을 어머니가 전담해 주었기 때문에 가정에는 별반 어려움이 없었다. 남들이 요양보호시설에 보내라고 해도 남편을 수발하는 것이 현모양처이자 조강지처의 당연한 역할이라고 생각하는 어머니 덕분에 자녀들은 그저 자주 전화하고 일주일에 한두 번 씩 찾아오는 것만으로 20여 년을 버틸 수 있었다. 하지만 이런 평화는 아버지의 건강이 더 나빠지고 어머니의 건강에도 적신호가 오면서 깨지기 시작했다. 80세를 넘기면서부터 아버지는 용변처리에 도움이 필요한 상황이 되었고, 어머니는 요추골절로 더 이상 수발을 할 수가 없게 된 것이다.

상황이 급작스레 전개되면서 우리 남매는 장기요양 보험제도의 서비스를 이용하기로 했다. 그간 낯선 사람이 집에 드나드는 것이 싫다며 요양보호 서비스를 마다했지만 이제 한계에 다다른 것이다. 하지만 이번에는 어머니가 힘들어하셨다. 손님이 집에 방문하는 것처럼 인식하여 요양보호사가 와 있는 시간 동안 눕지도 쉬지도 못하셨다. 그렇게 몇 달을 보낸 후, 도저히 더 이상은 안 되겠다고 생각하셨는지 어머니는 주변 할머니들에게 하소연하여 여러 가지 정보를 듣기 시작했다. 그리고 어느 날부터는 동네 할머니들이 '자식들이 엄마 생각을 도무지 안 해 주는 것 같다'고 한다며, '자녀의 불효'라는 아킬레스건을 건드리기 시작하면서 요양원 얘기를 꺼내셨다.

여기서 요양원은 노인을 입소시켜 무료 혹은 저렴한 요금으로 급식, 요양, 기타 일상생활에 필요한 편의를 제공함을 목적을 하는 노인요양시설을 말한다. 이 시설은 생활 서비스를 제공하고 치료 및 훈련 서비스를 제공함으로써 노인 스스로 자립할 수 있도록 촉진하는 시설이다(김주현, 2011). 그리고 가정에서와 같이 양질의 서비스를 제공하고, 이용자 중심의 서비스를 제공하며, 입소노인의 능력을 활용하도록 하고 또 가족 및 지역사회의 참여를 유도하는 것을 실천원칙으로 하고 있다. 하지만 관련 분야의 연구를 보면 이런 원칙이 충분히 달성되지는 못하고 있는 듯하다.

나이가 들면서 아버지를 참 좋아하셨던 어머니가 그 남편과 졸혼을 하겠다고 결정하면서 자식들은 참으로 난감한 상황에 처했었다. 집을 떠나기 싫은 아버지와 함께 살면 본인이 먼저 돌아가실 것 같다고 하소연하는 어머니 사이에서 우리가 할 수 있는 일은 우선 요양원을 알아보는 척하는 것이었다. 먼저 지인들에게 묻고 그 다음에는 인터넷을 통해 정보를 파악해서 그나마 시설이 좋다는 곳의 명단을 확보하여 함께 방문하였다. 그런데 막상 방문을 해 보니 '나라면 여기 있을 수 있을까?'라는 생각밖에는 들지 않았다. 환경이 좋다는 곳은 최소 두 시간 이상 가야 되는 외곽에 위치해 있었고, 그 좋다는 환경도 자연환경이 좋은 것이지 시설은 노후된 곳이 많았다. 또 요양원생활인 중 많은 분이 치매를 앓고 있어서 인지력이 있는 사람이 하루 종일 같은 공간에서 생활하기에는 어려운 점이 있어 보였다. 성별에서도 두드러진 특징이 있었다. 시설마다 여성노인이 절대적으로 높은 비율을 차지하고 있었는데, 이것은 아마도 아직까지는 유배우 남성노인은 가정에서 아내의 수발을 받을 가능성이 높고 또 여성의 평균수명이 남성보다 길기 때문일 것이다. 하지만 이보다 더 큰 문제는 대기 기간이었다. 시설마다 보통 3개월에서 6개월은 대기를 해야 하고, 남성노인은 더 오랜 기간을 기다려야 하는 상황이었다. 심지어 남성노인의 입소를 불허하는 시설도 있었다. 남성 요양보호사가 부족한데다 남성노인의 가부장적 인식과 태도 때문에 요양보호사도 기피하는 경향이 있어 남성노인이 입소할 시설 자체가 부족했다.

가족회의를 열어, 일주일에 한두 번씩은 방문할 수 있는 위치여야 하고 시설환경이나 종사자에 대한 검증이 된 시설이어야 한다는데 합의를 하고 약 6개월을 기다렸다. 마침내 입소해도 좋다는 연락을 받았지만, 여러 날 동안 어머니께 말씀드리지 않았다. 집에 머물고 싶은 아버지를 생각하니 차마 입이 떨어지지 않았기 때문이다. 하지만 그 결정을 마냥 미룰 수만은 없어, 아버지께 조심스럽게 가보기만 하자고 청하여 아버지를 모시고 요양원을 방문한 후 최종적으로 결정하기까지 열흘을 보냈다. 대기자가 많은 상황에서 계속 시간을 끌 수는 없어서 '아버지를 요양원으로 모시되 매주 주말은 집에서 지내시도록 한다'는 조건으로 요양원 입소를 결정했다.

처음 아버지를 요양원에 모시고 돌아오던 날은 부모를 시설에서 모시는 여느 가족들처럼 잠을 이루지 못했다. 자녀들이 이틀에 한 번씩 가보고 삼일에 한 번씩 가보고……. 그렇게 일주일에 한 번씩 돌아가면서 아버지를 방문해도 요양원에 머무는 아버지는 그 자체가 충격이 되었는지 어느덧 치매 증상을 보이시더니 증상이 속도를 내기 시작했다. 언젠가부터 '누구냐?'라고 묻기도 하시는데, 그럴 때는 집에 모시면 정신이 또렷해진다는 것을 알면서도 그렇게 하지 못하는 자식들의 냉혹한 상황이 아픔으로 다가왔다.

한 번도 밝은 얼굴로, 편안한 마음으로 드나들지 못한 아버지의 요양원이 그나마 위안을 주는 것 중 하나는 깨끗한 시설환경과 겉으로 보기에는 친절하여 신뢰감을 주었던 요양보호사들이었던 것 같다. 하지만 사실 그 안에서 생활했던 당사자의 속사정은 당사자가 아닌 이상 아무도 모를 것이다. 요양원 어떠냐고 물어도 그저 '괜찮다'고 하시며 일일이 당신이 겪었던 어려움을 단 한마디도 하지 않으셨지만, 아버지가 돌아가신 후에 요양원에서의 생활이 얼마나 힘드셨을지 뒤늦게 깨달았을 때는 이미 돌이킬 수 없는 상황이 되어 버렸다. 아버지는 감염으로 인한 섬망 때문에 요양원을 나와 병원을 전전하다가 폐렴으로 돌아가셨다.

요양원의 고질적인 문제점 중 하나인 요양보호사의 저임금 문제, 장시간 노동 그리고 사회복지사와 요양보호사 간의 직무갈등 외에 또 어떤 일이 있었는지 가족들은 지금도 알 수가 없다. 요양원에 한 번 입소하면 살아서는 집으로 다시 돌아오지 못하게 된다는 교훈이 이제는 '지켜드리지 못함'에 대한 죄책감으로 남았을 뿐이다.

천하의 그 누구도 시간을 거스를 수 없지만, 그래도 내게 단 한 번만 기적이 일어난다면, 작은 마당이 있는 주택에서 휠체어에 앉은 아버지와 함께 따뜻한 햇볕을 쬐며 수도 없이 들었던 당신의 옛날 얘기를 마냥 들어 주던 시간으로 되돌리고 싶다. 너무 바쁘지 않게 살면서, 지근거리에 사는 형제들과 돌봄의 네트워크를 형성하여 아버지와 함께 나이 들어 가는 시간을 살아보고 싶다. 진작 하던 일을 멈추지 못하고, 부모가 돌아가신 다음에야 깨닫는 자식의 우매함이 얼마나 부모 마음을 아프게 했을지, 이제는 겨우 하늘을 향해 평안하시기를 기도할 따름이다.

학생들에게 '고령화에 대한 대안이 무엇일까?'라고 물으면 10명 중 9명은 '요양원을 더 많이 늘리는 것'이라고 답한다. 과연 그럴까? 본인이 평생 머물던 작은 방에서 식구들이 거실을 오가며 이런 저런 얘기를 하는 것을 들으면서 자연스럽게 생을 마감하는 것이야말로 따뜻하고 존엄한 죽음이 아닐까? 우리 세대보다 더 살기 팍팍해지는 세대를 살아가는 청년 세대에게 노년기의 돌봄을 기대하기는 어렵다. 그럼에도 불구하고 재가에서의 돌봄, 지역사회 돌봄은 나이 듦의 불안을 해소하고 삶을 사랑하며 존엄한 죽음을 준비하는 방안임이 분명하다. 우리 사회는 급속도로 고령화되는 반면, 그에 대한 준비가 미흡하여 세대 간 갈등과 돌봄의 위기에 직면할 가능성이 높다. 이를 대비하여 인간다움을 상실하지 않도록 점차 탈시설화하고 지역사회에서 나이 들며, 가족과 함께 존엄한 죽음을 준비할 수 있도록 철저한 사회적 준비가 필요하다.

참고문헌

경기복지재단(2016). 초고령사회 진입 이후의 일본사회복지 이슈분석연구. 경기복지재단.

계봉오(2016). 인구고령화, 사회경제적 발전, 사회불평등의 관계. **경제와 사회**. 106, 41-72.

김주현(2011). 노인요양시설 입소 노인의 거주만족도 조사를 통한 효율적인 운영방안-안양시를 중심으로. **교정복지연구**, 21, 85-127.

정순둘, 김성원(2012). 사회복지분야 '고령화 사회' 연구동향: 인식과 대책. **사회과학연구논총**, 27, 275-311.

정순둘, 최혜지, 배은경, 이경민(2011). 고령화 사회에 대한 위험인식. **한국노년학**, 31(3), 813-829.

통계청(2018). 2018 고령자통계.

영화 *Amour*(2012).

〈유스〉,
상실을 마주하며 삶은 계속된다

신영화

청춘은 흔히 20~30대 젊은이를 일컫는다. 분명 나이가 들지 않은 젊은이를 지칭하는데, 역설적으로 사람들은 나이와 상관없이 누구나 청춘을 그리워한다. 누군가는 열정과 논리가 치열했던 청춘을 되돌아보기 원치 않을 수도 있지만, 청춘은 중년 이상 성인들이 사춘기만큼이나 애호하는 단어다. 정신적으로나 심리적으로 불안정할 때마다 사춘기가 다시 왔나 싶은 것처럼, 어쩌면 우리는 중년 이후 힘을 내야 할 때 청춘을 소환한다. 젊은 시절의 자기(self)를 떠올리거나, 비록 몸은 따라오지 못하지만 '마음만은 청춘'이라고 호기롭게 말한다.

세상은 만고강산 젊게 살고자 하는 심리에 불 지르듯 '다시 시작하는 청춘' '처음 시작하는 청춘' '응답하라 청춘'을 외치며 지갑을 열게 한다. 아쉽게도 여기에는 '어르신을 위한'이라는 부제가 희미한 작은 글씨로 쓰여 있다. 청춘을 예찬하고, 젊음을 숭배하는 문화에서 나이 들어 가는 당사자들은 나이 듦을 인정하기 어렵고 심지어 부정하기도 한다. 정작 자신에게 필요한 물건을 당당히 사기보다는 손주 기저귀나 생리대를 사러 온 듯이 행동한다. 이렇듯 청춘을 예찬하는 시대에 나이 들어 가는 당사자의 존재감, 정체성은 무엇이란 말인가?

에릭슨(Erik Erikson, 1950)은 인간의 발달을 8단계의 심리사회적 발달단계로 정립하였다. 에릭슨 자신이 독특한 가족배경에서 정체성 혼란을 경험하면서 인간이 유전적 기질을 바탕으로 사회환경과 상호작용하며 발달한다는 이론을 주장하였다. 그에 따르면, 인간발달의 마지막 단계인 노년기는 자아통합 대 절망의 시기다. 노년에 인생을 정리하고 되돌아보며 삶의 의미를 이해한다면 삶을 통찰하고 지혜를 얻을 수 있으나, 그렇지 못할 경우에는 절망하게 된다는 것이다. 에릭슨이 심리사회적 발달이론을 발표한 때는 1950년이었다. 2019년 현재 한국인의 기대수명은 83세(통계청, 2017)로 에릭슨이 이론을 발표했을 때에 비해 두 배 가까이 수명이 연장되었고, 노년기 역시 엄청나게 늘어났다. 이른바 고령화 사회에서 65세 이상을 노인으로 규정한다든가, 75세 이전을 젊은 노인(the young old), 75세 이후를 나이 든 노인(the old old)으로 구분 짓는 것은 이미 진부해졌다. 백세 시대라고 불릴 만큼 노년기가 연장된 현실에 기초하여 다양한 노년집단을 설명하고, 노년의 정체성을 이야기할 대안이론이 필요하게 되었다.

영화 〈유스(Youth)〉(2016)는 같은 곳에 머물면서 다른 곳을 바라보는 노년의 두 주인공을 앞세워 청춘과 젊음을 다시 생각하게 하고, 노년은 무엇으로 사는지, 노년의 정체성에 질문을 던진다. 감독 파올로 소렌티노(Paolo Sorrentino)는 아름다운 영상을 배경으로 삶과 사회의 중요한 문제를 제기하는 젊은 감독으로 알려져 있다. 그는 〈유스〉에서 스위스의 아름다운 풍광을 배경으로 마이클 케인(Michael Caine), 하비 케이틀(Harvey Keitel), 제인 폰다(Jane Fonda) 등 전설적인 명배우의 연기로 삶과 죽음, 가족관계, 사랑과 감정 등 인생의 테마를 다루었다. 게다가 영화 말미에 등장하는 소프라노 조수미의 '심플송'은 나이 듦 과정에 있는 한국 관객에게 자부심을 불러일으키기도 했다.

이 영화는 크게 두 인물을 중심으로 청춘과 노년이라는 두 가지의 다른 인생 이야기를 풀어 간다. 노장의 감독 '믹 보일'은 젊은 스탭들과 영화 작업에 매진한다. 한편 은퇴를 선언한 세계적인 지휘자 '프레드 밸린저'는 매일 정해진 순서에 따라 산책, 마사지, 건강체크 등으로 활력을 잃은 시간을 보낸다. 영화에 등장하는 인물은 스위스 휴양지 고급 호텔의 고객인 부자 노인들과 이들을 위해 서비스를 제공하는 청년들로 나뉜다. 청춘처럼 열정적으로 영화 작업을 하던 믹은 주연배우의 출연 거절 의사를 듣고 마치 자신에게 영화 없는 삶은 없다는 듯이 청춘의 상징과 같은 발 아래 푸른 숲으로 몸을 던진다. 친구를 잃고 인생을 다시 돌아보던 프레드는 딸과

감독: 파올로 소렌티노
주연: 마이클 케인, 하비 케이틀, 레이첼 와이즈, 폴 다노, 제인 폰다
개봉연도: 2016
40대 중반의 감독이 70대 중반, 80대 노년의 주연 배우들과 함께 아름다운 자연과 음악을 배경으로 노년의 삶을 젊음과 대비하며 은유적으로 이야기한다.

"정말 아름다운 곡이에요."
"사랑하고 있을 때 만들었거든."

묵은 갈등을 해결하고, 자신의 삶에서 없는 사람처럼 단절했던 아내를 찾아가 화해를 하고 다시 세상으로 나가 '심플송'을 지휘한다. 영화는 얼핏 청춘을 찬사하는 것 같지만 노년과 청춘의 극단적인 대비를 통해 노년에 청춘처럼 무한정 열정적인 삶을 사는 것도, 세상에서 물러나 활력 없이 사는 것도 경계하고 있다.

노년과 청년의 대비

영화는 유럽의 부자들이 여름이면 찾는다는 아름다운 알프스 산자락의 스위스 호텔을 배경으로 다양한 방식을 사용하여 노년과 청년을 대비시킨다. 노년과 청년뿐만 아니라 부자와 부자에게 서비스 노동을 제공하는 직원, 성(sex)을 사는 남자와 파는 여자, 타인의 행동을 관찰하는 사람과 행동하는 사람 등 대조와 대비가 영화

전반에 걸쳐 나타난다. 청춘과 노년을 은유하고 대비하는 표현 몇 가지를 간추려 본다.

우선 첫 번째로 영화 전반에 걸쳐 스위스의 고급 리조트를 누비는 것은 활기차게 움직이는 직원들이다. 그들은 일을 쉬는 시간에도 텔레비전을 보며 댄스를 추거나 스트레칭을 하며 움직이고 있다. 거기에 반해 노년의 투숙객들은 마사지실, 수영장, 건강검진실, 식당에서 거의 움직임 없이 쉬고 있다. 두 번째로 볼 수 있는 인상적인 은유와 대비는 미스 유니버스의 젊고 매력적인 아름다운 몸과 나이 든 남자의 몸이다. 노년에게 미스 유니버스는 생애 마지막에 만나는 신적인 존재처럼 몸으로 압도한다. 세 번째는 노년의 친구들이 산책로를 천천히 걷으면서 이야기를 나누는데, 그 옆을 한 소년이 허공을 향해 자전거 앞바퀴를 들고 언덕을 휑하니 내려간다. 마침 두 주인공은 전립선을 걱정하며 아침 소변 본 일을 이야기하고 있었으니 참으로 역설적이다. 노년의 두 친구는 아침마다 소변은 봤는지, 소변량은 어떤지 농담 삼아 이야기한다. 시원한 소변과 건강한 전립선은 노년기 행복의 지표다.

또한 영화는 노년과 청년의 삶에 대한 태도가 다름을 이야기한다. 노년은 거의 부동의 자세로 사람과 자연을 바라보는 것이 일상이며 부모나 어린 시절조차 기억나지 않는다. 반면에 미스 유니버스는 아직 남은 인생이 많으니 영화배우가 되고 싶다고 말한다. 배경의 정물처럼 놓여 있는 노년 앞에서 미래에 대한 포부를 밝힌 것이다. 시점과 시각에 대한 영화 속 대사를 빌면, "젊을 때는 모든 것이 가깝게 보이는데, 그것은 미래다. 나이가 들면 모든 것이 멀어

보이는데, 그것은 과거다". 어찌 보면 노년과 청년의 가장 큰 차이는 가능성을 열어 놓고 선택하며 나아가느냐, 또는 그러지 않느냐의 여부일 것이다. 어느 날 어떻게 여기까지 왔는지도 모르는 사이에 늙어 버린 자신을 발견하더라도, 지금부터 자신이 원하는 삶은 무엇인지, 무엇을 원하고 있는지 생각해 보고, 소소하게나마 원하는 대로 행동으로 옮겨 본다면 그는 청춘을 사는 노년일 것이다.

의미 있는 대상의 부재

사람의 정체성은 다양한 방식으로 정의할 수 있다. 예를 들면, 호텔 로비의 커피숍이나 스카이라운지의 양식당에서 흔히 볼 수 있는 선남선녀의 맞선자리에서는 소위 말하는 호구조사로 자신을 밝힌다. 부모의 직업, 출신 지역, 사는 동네와 집 평수, 그리고 자신의 출신 학교와 직업, 취미와 여가생활, SNS 등 자신의 배경조건과 생활방식으로 자신을 표현한다. 물론 가족과 자신의 사회경제적 지위는 사람이 살아가는 큰 그림을 설명하므로 그러한 집단을 이해하는 데 도움이 된다. 하지만 한 사람, 개인을 설명하기에는 매우 미흡하다. 과거 가정생활과 직업생활에서 체득한 지식, 기술과 태도는 흔적처럼 몸에 배어 남아 있겠지만, 그것은 현재 노년을 살아가는 사람을 설명하는 데는 충분하지 않다.

노년의 정체성을 말해 주는 것은 무엇인가? 내러티브 상담가인 마이클 화이트(White, 2010)는 사람의 정체성이 그가 추구하는 희망, 꿈, 가치, 삶의 목적, 삶의 원칙으로 정의할 수 있다고 한다. 이는 어린 사람이나 젊은 사람이나 중년이나 노년이나 모두에게 적용된다. 무슨 일을 하고 소득이 얼마라는 무미건조한 개인정보보다, 그가 그 일을 하면서 무엇을 꿈꾸고 있는지 또 일과 무관하게 자신이 사는 생활세계에서 어떤 변화를 추구하고 있는지가 그를 더 잘 이야기해 준다. 특히 노년은 일과 활력적인 삶, 가족의 돌봄이나 부양의 의무에게서 거리를 두면서, 자유로운 시간과 생활방식을 취하는 시기다. 충분히 넘치도록 넉넉한 시간을 소유한 사람을 이야기하는 것은 과거에 무슨 일을 했다는 것보다 지금 눈에 보이는 것 외에, 고요하고 느린 움직임 가운데 무엇을 희망하고 자신과 공감하며 이해하는 어떤 사람과 연결되어 있느냐 하는 것이다.

노년기 삶의 독특한 특징 중의 하나는 상실이다. 결혼을 한 사람은 배우자를 상실할 가능성이 크고, 성장한 자녀가 독립하면서 관계가 소원해지는 것이 일반적이다. 70대 후반, 80대 중반을 넘어서서 건강이 취약해지면, 눈을 감아도 눈에 선한 살던 동네로부터 낯선 양로원, 요양병원, 요양원과 같이 낯선 이들과 함께 거주하는 집단시설로 옮겨 가게 된다. 잠을 자다가 새벽녘에 잠이 깨면 여기는 어디며, 옆에 자고 있는 사람은 누구이고, 또한 나는 살았는지 죽었는지 혼란스럽다. 혹은 살던 동네에 계속 거주하기를 고수할지라도, 예전에 친밀했던 친구나 사람들과의 왕래가 줄어들면서 자신이 알고, 자신을 알아주던 사람들을 잃어 간다.

마이어호프(Myerhoff, 1982)는 인간의 정체성은 사회적 프로젝트라고 정의하였다. 그는 미국 캘리포니아 서부지역 양로원에 살고 있는 유태계 노인들을 연구하면서, 나치에 의해 가족이 학살당하면서 자신들의 의지와 상관없이 어쩔 수 없이 살던 곳을 떠나온 그들이 정체성을 잃은 채 살아가고 있음을 알게 되었고, 지역운동가와 함께하는 집단작업을 통해서 노인의 인생에서 중요한 사람들과의 기억을 회고하였다. '회원재구성(Re-membering)'이라는 특별한 형식의 재결합을 의미하는 집단작업은 노인의 정체성 회복에 기여하였다.

영화의 두 주인공, 작곡가 프레드와 영화감독 믹은 60년 지기로 친구 말이라면 다 믿는 사이다. 두 사람의 딸과 아들은 부부로 연을 맺기도 하였다. 나이를 먹어도 남자 아이들처럼 치기 어린 생각과 행동이 영화 전반에 흐른다. 그들은 밥 먹듯이 리조트 투숙객의 행동거지를 알아맞히는 내기를 한다. 믹이 '길다 블랙'이라는 여성과 잠을 잤는지 여부를 따지는 일은 두 사람에게 일생일대의 사건이다. 믹은 어느 순간 길다 블랙과 잠을 잤는지조차 기억나지 않는다고 말하지만, 두 사람은 그녀에 대한 집착을 심심풀이 삼는다. 알고 보니 믹은 어릴 적 그녀와 잠깐 손을 잡고 같이 걸었을 뿐이었다. 하지만 그것은 자전거 타기를 처음 배웠던 순간의 기억처럼 뚜렷이 남아 있다.

두 사람은 살아온 시대의 남성상을 반영한다. 현직에 있는 동안 일이 인생의 전부로 부각되었고 사생활 영역은 잘 드러나지 않는다. 그런데 두 사람은 매우 대조되는 성격과 삶을 추구한다. 영화감독 믹은 감정과 욕망에 몰두하고, 전직 작곡가 프레드는 감정이 과대평가될 수 있다고 단언한다. 프레드는 삶을 별로 좋아하지 않는다고 말하며 자신과 주변 사이에 거리를 둔다. 반면에 믹은 영화를 연출하듯이 삶의 현장에 적극적으로 참여하지만, 연출자처럼 현실과 거리를 둔다.

작곡가로서 삶을 은퇴한 프레드는 영국 왕실의 기사작위 부여와 그의 역작 심플송 지휘 요청을 계속 거절한다. 끝내 드러난 그의 속내는 심플송은 사랑하는 아내를 위해 작곡한 곡이며, 아내만이 심플송을 부를 수 있다는 것이다. 작곡가에게 아내의 자리는 군주제의 왕만큼이나 어마어마하다. 군주가 없어지면 세상이 변하듯이, 아내가 없어지면 세상은 변한다. 지금 아내는 노래를 부를 수 없고, 따라서 자신은 지휘를 할 수 없으며, 아내를 대신하여 '조수미'가 심플송을 노래할 수도 없다. 프레드는 은퇴자로서 조용히 뒤로 물러난 자세를 취한다. 작곡가 프레드는 일과 인생에서 은퇴하였고 더 이상 심플송은 연주될 수 없다는 것이 알려진 이야기다.

하지만 그의 주머니에서는 늘 사탕껍질이 바스락거리는 소리가 난다. 스위스의 목가적 숲에서 바람이 스치는 나뭇잎 소리, 소의 목에 매달린 종소리, 소 울음소리 그리고 그의 손가락으로 사탕껍질을 비비는 소리는 환상적인 오케스트라 연주 실황이다. 이 숲속에서 그는 현역 작곡가이며 지휘자다. 어느 날 프레드는 우연히 호텔 복도를 걷다가 심플송을 연주하는 바이올린 소리를 듣는다. 열린 방문으로 살며시 안을 들여다보니, 어린 소년이 바이올린을 연습하는 중이었다. 소년에게 자신이 심플송을 작곡한 프레드 밸린

저라고 말하고 바이올린 자세를 교정해 준다. 소년은 심플송이 아름답다고 하고, 프레드 역시 동의하며 사랑을 하고 있을 때 그 곡을 작곡했다고 한다.

모든 행위는 의미를 가지고 있다. 우리는 행위의 주체로 의미의 창조자다. 더 이상 새로운 행위, 특히 사회적으로 의미가 있는 행위를 거의 하지 않는 노년에게 '의미 있는 존재'로 살아가는 것은 어렵지만 매우 중요하다. 시인이자 수필가인 피천득은 수필집 『인연』(2018) 중 〈장수〉에서 아름다운 인연을 많이 맺으며 착한 일을 하고, 때로 살아온 자기 과거를 다시 사는 것이야말로 장수하는 방법이라고 한다. 프레드는 은퇴를 선언하고 심플송 연주나 회고록 집필 등을 멀리하며 은둔자처럼 지낸다. 하지만 숲에서 비닐을 만지작거리며 자연을 지휘하고, 소년의 바이올린 자세를 교정해 주면서 작곡가로서 작곡에 깃든 이야기를 할 때, 그의 자기정체성이 명백해진다.

믹은 생애 유작이 될 영화 시나리오 작업을 젊은이들과 함께 하는 현재 진행형의 영화감독이다. 그에게 은퇴는 없는 듯하다. 시나리오 대사처럼, 그에게 과거 20여 편의 영화는 모두 상관없는 것들이었고, 현재 작업하는 영화가 자신의 유일한 영화이며 전부라고 말한다. 믹은 친구 프레드와 완전히 딴 사람으로 영화를 만드는 젊은이들을 이끌고 어울린다. 그런데 그가 53년간 알아 왔고, 11편 영화에서 스타로 키운, 믿었던 대여배우 '브렌다'가 찾아와 '인생의 마지막 날' 영화에 참여하지 않겠다고 말한다. 이에 믹은 유작으로 추진해 온 영화 제작을 중단하고, 친구 앞에서 아름다운 알프스로 곧장 걸어 나가 생을 마감한다. 브렌다는 거액을 보장하는 TV 드라마 출연을 위해 영화를 포기한다면서, 믹의 인생 후반 영화들을 형편없다고 말한다. 믹과 브렌다는 솔직한 말 몇 마디로 민낯을 드러내며 그동안 쌓아왔던 감독과 배우의 신뢰관계를 단칼에 청산한다. 믹의 마지막 유작을 포기하게 한 브렌다의 대사는 노년에 대한 타인의 시선과 민낯을 드러낸다.

> "옛날과 착각하지 마. 당신은 더 이상 영화를 이해하지 못해. 늙고 지쳤기 때문이지. 더 이상 세상을 볼 줄 모른다고. 아는 건 죽음뿐이지. 코앞에 기다리고 있는 죽음. 당신 경력은 끝났어."

브렌다는 믹을 잘 아니까, 사랑하니까 솔직히 이야기한다면서 노인을 바라보는 세상의 태도를 전달한다. 노년은 늙고 지쳐 아는 것은 죽음뿐이며, 현재의 영화, 현재를 사는 사람들을 이해하지 못한다는 것이다. 하지만 젊은 남자 배우 '지미'는 믹에게 '위대한 여배우들의 감독'이 아니라 그 자체가 '위대한 감독'이라고 말한다. 브렌다의 대사가 노년을 바라보는 세상의 담론을 대변한다면, 지미의 대사는 감독 믹의 정체성 재구성을 촉구한다. 무엇이 작곡가로 하여금 더 이상 심플송을 지휘할 수 없게 하는가? 영화감독은 왜 삶을 포기하는가? 그 답은 사람의 행위는 의미 있는 대상과 함께할 때 의미를 가진다는 것이다. 프레드는 사랑하는 아내와 함께할 때, 믹은 영화작업을 할 때 그 삶은 의미를 가진다.

노년의 정체성과 가족

프레드의 아내 '멜라니'는 요양병원에 있고, 그의 곁에 모든 것을 챙기는 비서 역할을 하는 딸이 있다. 여왕이 기사 작위를 준다 해도, 아내 없이 심플송은 연주될 수 없다. 아내는 무엇으로도 설명할 수 없는 중요한 존재다. 그런데 딸은 엄마에게 찾아가지 않는 아버지를 무감각하다고, 10년 넘게 꽃 한번 들고 가지 않았다고 원망한다. 아버지로서 딸을 위해 했던 일들, 딸이 자라면서 기억할 수 있도록 일부러 했던 것들은 시간이 가면서 기억이 나지 않는다. 엄청나게 노력했지만 결과는 별로인 셈이다. 게다가 딸은 남편의 외도로 이혼을 요구받자, 혼란스러움과 슬픔 속에서 지나간 가족사를 들추며 아버지를 비난한다. 아버지가 "조용히 해."라는 말 말고는 자신이나 엄마에게 해 준 게 아무 것도 없고, 평생 음악밖에 모르며, 음악에 모든 것을 바쳤다고 원망한다.

노년에 부부관계란 무엇인지 의문이다. 배우자는 현실에서 소원하거나 갈등적일지라도 결혼과 삶의 많은 부분을 이야기해 주는 중요한 존재이자, 자기를 반영해 주는 존재로서 사람의 정체성을 형성한다. 부부관계는 부모자식관계와 분명 별개다. 그는 아내를 찾아가지 않지만, 아내를 그리워하고 집을 그리워한다. 자녀들은 부모의 이야기를 다 알지는 못한다. 자녀들은 침실 밖에 드러난 부부이야기를 알 뿐이다. 자녀는 눈에 보이는 것, 자녀들이 알아야 하는 것, 이야기의 어떤 한쪽만 안다. 모든 부부는 드러나지 않은 부부만의 이야기를 가지고 있는 것이다.

프레드는 자신으로 인해 딸과 아내가 얼마나 고통받았는지를 딸의 원망을 통해 마주한다. 그 뒤로 딸과의 대화에서 자신은 음악 말고는 알지 못한다며 상처받은 모습으로 반응한다. 하지만 결국 왕실 관계자와 딸 앞에서 심플송을 아내를 위해 작곡했고, 오직 아내만이 공연을 했는데, 지금 아내가 더 이상 노래를 할 수 없기에 심플송을 지휘할 수 없다고 말한다. 비로소 딸은 오열하며 아버지의 고통을 이해한다. 고통받는 타자와 마주칠 때, 타자에 대한 윤리적 책임성이 나의 주체성을 구성하고 정체성을 형성한다는 레비나스(Emmanuel Levinas)의 타자윤리학(김연숙, 2001)을 여기에서 확인할 수 있다.

청년의 상실

영화에 등장하는 여러 배역은 사람이 중요한 사람과의 관계에서 의미 있는 존재로 살아갈 수 있다는 것을 보여 준다. 은퇴한 작곡가 프레드의 딸 '레나'는 남편과 휴가를 가던 중에 터널 안에 차를 세운 남편으로부터 다른 여자를 사랑한다는 황당한 말을 듣는다. 남편은 딴 여자와 외도를 하였고 그 여자와의 잠자리가 좋다고 아내에게 이혼을 요구한다. 딸은 알고 싶지 않은 사실을 아버지에게 들은 이후로 이혼 위기가 잠자리가 형편없어서인지, 아이가 없어서인지 의구심에 잠을 이루지 못하고 애를 태운다. 잠 못 이루는 여러 밤을 지내고 나서, 레나는 자신의 잠자리에 대한 확신을 회복하고 나쁜 사람은 남편이라는 결론에 이른다. 또한 리조트 등산 트레이너와 만나면서 레나는 이혼의 문제가 남편 한 사람만의 책임이 아니라 두 사람 모두에게 있고, 부부 사이에 틈새가 있었다는 것을 이해하게 된다.

영화의 또 다른 주요 배역인 남자 영화배우 '지미'는 프레드와 계속 함께 있으면서 감독 파올로 소렌티노의 페르소나 역할을 한다. 그는 자신의 이름을 세상에 알린 히트작 '미스터 Q'의 우스꽝스런 배역만을 기억하는 사람들을 원망한다. 자신의 연기력을 알아주지 않는 세상 사람들에 대한 원망은 아마도 자기혐오의 반영일 것이다. 그런 어느 날 호텔 선물가게에서 아무도 본 사람이 없을 것이라고 생각했던 영화에서 자신이 맡은 배역과 대사를 인상 깊게 기억하는 한 소녀를 우연히 만난다. 이 만남으로 그는 연기자로서 자신의 존재를 인정하고 선택한다.

상실을 마주하며 삶의 이야기는 계속된다

우리의 삶에서 상실(loss)은 소중한 대상을 잃는 것을 말한다. 상실은 분노와 슬픔을 가져온다. 상실에 대처하는 방식은 다양하다. 젊은이들은 사랑하는 사람을 잃은 실연의 아픔을 허기진 배를 밥으로 채우듯이 또 다른 사랑(사람)으로 채우려고 한다. 반면, 노년의 상실은 다차원적 현상이다. 노화와 질병으로 인한 건강의 상실은 온전한 신체기능의 부분적 장애로 그치는 것이 아니라, 건강한 삶의 전방위적 상실을 가져온다. 일과 사회적 지위의 상실, 그리고 배우자나 친구와 같은 친밀한 사람의 상실은 일반적이다. 애도치료(grief therapy)는 상실을 다루는 전문적인 치료로 알려져 있다. 애도치료는 상실을 인식하고, 분노와 슬픔 등의 정서적 반응을 표현하며, 상실대상과의 관계를 회상하고, 새로운 삶에 적응하는 것을 돕는다.

상실에 대한 보다 혁신적인 접근은 상실이 왜 그렇게 슬픔을 가져오고, 다른 무엇으로 채우지 않으면 안달이 나고, 여간한 것으로는 빈자리가 채워지지 않는지 생각해 보는 것이다. 상실이 가진 의미에 초점을 맞추면, 상실은 우리에게 소중한 대상과 원치 않는 분리를 가져왔다는 것을 알 수 있다. 건강을 상실한 사람은 건강한 몸과 마음으로 무언가를 해 왔고 하고자 했다. 일자리를 잃은 사람은 일자리를 통해서 소득을 얻고 사람과 관계하며 어떤 삶을 영위하고 추구하고자 했다. 배우자, 가족, 친구 등 친밀한 관계의 사람을 잃은 사람은 그들과 함께 했거나 하고자 했던 것이 있다. 상실한 무언가를 통해 우리가 추구하고자 하는 것을 발견하고 의미를 찾아 다시 연결될 때 진정한 치유가 있고 삶은 계속될 수 있다. 파올로 소렌티노 감독은 믹을 극단으로 내몬 브렌다의 대사를 통해 이 영화에서 하고자 했던 이야기를 한다.

"삶은 계속 되는 거야. 영화 따위는 없어도 말이야."

사람의 정체성 이야기는 상실을 마주하는 정체성 이야기로 이루어진다. 작곡가 프레드는 아내가 치매를 앓으면서 작곡가로서 삶과 단절한다. 아내 없는 심플송은 없기 때문이다. 그러나 딸과의 갈등과 화해를 통해 감춰진 아내와 딸에 대한 사랑과 기억이 드러난다. 믹은 영화감독으로서 인간의 욕망과 감정을 표현하는 것이 삶의 전부였다. 하지만 영화제작을 더 이상 할 수 없게 되자 삶을 포기한다.

우리 삶은 상실을 마주하고 나아갈 때 계속된다. 영화 후반부에 여러 등장인물의 변화를 통해 메시지는 보다 뚜렷해진다. 미스 유니버스는 미인대회에 참가해서 행복했고, 한 걸음 더 나아가 영화배우가 되고 싶다는 포부를 밝힌 바 있다. 후반부에 그녀는 누구인지 몰라볼 정도로 당당하게 변한다. 공중부양을 시도하며 명상하던 스님은 드디어 부양에 성공한다. 대배우 브렌다는 감독 믹의 도움으로 배우가 된 것이 아니라, 배우가 되기로 선택하고 혼자 힘으로 자신이 계속해서 노력해 왔다고 선언한다. 작곡가의 딸은 등산가와 암벽을 타며 서로에게 의미 있는 관계를 맺는다. 휴가기간 동안 매일 건강검진을 하던 의사는 프레드에게 전립선에 아무 문제가 없다면서, 지금까지 문제가 없었다면 갑자기 어떻게 되지 않는다고 말한다. 그리고 창밖에 젊음(youth)이 기다리고 있다고 은유적으로 말한다. 나이 듦을 걱정하며 수족관 같은 리조트에 갇혀 있지 말고 세상으로 나가라는 메시지일 것이다.

프레드는 작곡가로서 우상이며, 경쟁자였던 스트라빈스키의 묘지를 방문하여 애도하고, 그와 사이에 남은 앙금을 내려놓는다. 그리고 꽃다발을 들고 치매에 걸린 아내를 찾아간다. 자신을 위해 심플송을 작곡했던 남편을 알아보지 못하는 아내는 심연을 바라보는 눈으로 창밖 허공을 향한다. 그런 아내를 앞에 두고 남편은 자신과 아내의 이야기를 말한다.

> "처음으로 당신을 무대에서 본 순간, 가슴 떨리던 것을 아이들은 몰라. 내가 사랑에 빠진 걸 보고 오케스트라 모두가 웃었지. …… (중략) …… 아이들은 당신이 내 두 번째 작품을 도와주려고 당신 어머니의 보석을 팔은 것을 몰라. 모두가 내게 등을 돌리고 날 건방지고 품위 없는 음악가라고 불렀을 때지……. 아이들은 우리가 함께라는 걸 몰라. 당신과 내가 말이야. 이렇게 지치고 고통스럽고 힘들지만, 당신과 내가 어떤 어려움에도 불구하고 연결되고 싶다는 걸, '심플송'을 말야."

난민과 출생서류가 없는 아동 문제를 제기한 영화 〈가버나움(Capharnaum)〉(2019)의 감독은 거리의 아이에게 질문했다. "넌 사는 게 행복하니?" 아이는 말하였다. "나는 여기에 있는 게 행복하지 않아요. 죽었으면 좋겠어요. 난 왜 내가 여기에 있는지 모르겠어요. 좋은 말도 못 듣고 배고픈데 먹지도 못하는데 말이죠." 노년의 나 역시 늙고 병든 나약한 자신을 돌아보며 "내가 왜 여기에 있는지, 사람들이 좋아하지도 않고, 잘 대해 주지도 않고, 내가 좋아하는 사람들도 없고, 할 수 있는 것도 없는데."라고 말할지 모른다. 하지만 삶이 계속되는 한, 나는 내가 누구인지 존재감을 가지고, 좋아하는 것을 다시 하면서 인격을 가진 사람으로 살아가길 원한다.

이미 많은 소설, 영화는 노년에 대한 통념에 대항하는 새로운 삶의 방식과 자아상을 제시하고 있다. 최근 드라마 〈눈이 부시게〉(2019)의 주인공 '혜자'는 미해결 과제를 해결하기 위해 혼신을 다한다. 극의 후반에 가서야 치매에 걸린 노인의 청춘 이야기라는 것이 드러나고, 치매를 가진 혜자가 20대의 자신답게 과거를 다시 살고자 애쓰는 모습은 나이를 불문하고 공감을 불러일으켰다. 『창문 넘어 도망친 100세 노인』(2013) 역시 치매의 100세 노인이 무료한 요양원에 갇히기를 거부하고 자유로운 삶을 선택한다. 노년의 외로움과 새로운 대처방식을 제안하는 〈밤에 우리 영혼은(Our souls at night)〉(2017)은 보다 더 흥미롭다. 이웃에 사는 70대 싱글 남녀가 이웃의 따가운 시선과 가족의 반대에도 불구하고 용기를 내어 우정과 사랑을 나누는 이야기다.

행복이란 좋은 환경에서 편안하게 살아가는 것만을 의미하지 않는다. 삶에서 역경과 도전, 그리고 상실은 교통사고처럼 평생에 걸쳐 도처에 있다. 현대사회는 과학기술이 발달한 만큼 편리해졌지만, '위험 사회'로 불릴 정도로 사회적 위험과 위기의 개연성이 더 커졌다. 따라서 행복의 정의는 좋은 일이 더 많이 일어난다는 고전적인 정의에서 더 나아가, 역경에도 불구하고 자신을 잃지 않고 좋아하는 것을 추구하는 삶으로 확장되었다. 노년의 행복은 신체적 · 심리적 · 사회적 · 문화적 상실에도 불구하고 좋은 것을 선택하고, 원하는 것을 하며, 사람들과 더불어 함께하고 연결되는 삶이다. 물론 노화에는 계속 주목해야겠지만, 노화와 질병에 쫓겨 급급할 일이 아니라 비록 속도가 느리고 성과는 소소하거나 없을지라도 더 이상 주저하지도 눈치 보지도 말고 해 볼 일이 많다.

참고문헌

김연숙(2001). **레비나스 타자윤리학**. 경기: 인간사랑.

통계청(2017). 장래인구추계. http://kosis.kr

피천득(2018). **인연**. 서울: 민음사.

Erikson, E. H. (1950). *Childhood and Society*. New York: W. W. Norton & Co.

Jonasson, J. (2013). **창문 넘어 도망친 100세 노인**. (임호경 역). 경기: 열린책들.

Myerhoff, B. (1982). Life history among the elderly: Performance, visibility, and remembering. In J. Ruby (Ed.), *A crack in the mirror: Reflective perspective in anthropology* (pp. 99-117). Philadelphia: University of Pennsylvania Press.

White, M. (2010). **이야기치료의 지도**. (이선혜, 정슬기, 허남순 공역). 서울: 학지사.

드라마 **눈이 부시게**(2019).

영화 *Capharnaum*(2019).

영화 *Our Souls at Night*(2017).

영화 *Youth*(2016).

저자 소개

성정현(Sung Junghyeun)
서울대학교 사회복지학과 문학박사
현 협성대학교 사회복지학과 교수

〈주요 저서 및 논문〉

『인간행동과 사회환경』(공저, 학지사, 2013)

「이혼한 여성한부모들의 자립경험」(한국콘텐츠학회지, 2017)

「탈북여성들에 대한 남한 사회의 '종족화된 낙인(ethnicized stigma)'과 탈북 여성들의 공동체 형성 및 활동」(한국가족복지학, 2016)

신영화(Shin Younghwa)
서울대학교 사회복지학과 문학박사
현 군산대학교 사회복지학과 교수

〈주요 저서 및 논문〉

『사례로 배우는 가족 상담과 가족치료』(공저, 학지사, 2015)

『영화로 읽는 젠더와 가족』(공저, 학지사, 2015)

「남자 노인 1인 가구의 거주지 주변 활동공간 이용실태 및 요구 분석」(공동, 한국가족복지학, 2017)

신은주(Shin Eunju)
서울대학교 가족복지학과 박사
현 평택대학교 사회복지학과 교수, 총장

〈주요 저서〉

『가족복지학』(공저, 학지사, 2017)

『가족과 젠더』(공저, 청목, 2015)

『젠더와 가족』(공저, 학지사, 2015)

윤혜미(Yoon Hyemee)
미국 Cornell 대학교 철학박사(아동 · 가족복지)
현 충북대학교 아동복지학과 교수

〈주요 저서 및 논문〉
『사회복지실천의 이해』(4판, 공저, 학지사, 2016)
『아동복지론』(2판, 공저, 청목, 2013)
「아동학대유형과 심리사회적 부적응의 관계에 대한 메타분석」(사회복지연구, 2017)

이숙영(Lee Sookyoung)
미국 Minnesota 대학교 교육심리학 석 · 박사
전 마닐라 국제학교 카운슬러

〈주요 저서〉
『청소년 상담 프로그램 개발론』(공저, 한국청소년상담원, 2001)
『상담심리학』(공저, 한국방송통신대학교, 2000)
『청소년 가치발달과 상담』(공저, 청소년대화의광장, 1998)

정선욱(Jung Sunwook)
서울대학교 사회복지학과 문학박사
현 덕성여자대학교 사회복지학과 교수

〈주요 저서 및 논문〉
『보호종료아동 자립지원 강화방안』(공저, 덕성여자대학교 산학협력단, 2019)
「아동양육시설 보호대상아동에 대한 양육 상황 점검 계획의 문제 및 개선방안」(학교사회복지, 2018)

조수현(Cho Soohyun)
이화여자대학교 사회복지학과 석사 졸업

〈주요 논문〉
「사회적 위험수준과 노인 낙인의 관계—사회적 관계망의 조절효과」(공동, 보건사회학, 2019)

좌현숙(Jwa Hyunsuk)
서울대학교 사회복지학과 문학박사
현 호남대학교 사회복지학과 교수

〈주요 저서 및 논문〉
『사회복지실천론』(공저, 신정, 2015)
「아동기 사회적 위축문제의 종단적 변화와 예측요인: 초등학생을 중심으로」(아동교육, 2018)
「청소년의 내재화 및 외현화 문제에 영향을 미치는 부모양육행동: 성차와 연령차를 중심으로」(한국청소년학연구, 2018)
「중학생이 지각한 부모의 학대수준이 사이버 비행에 미치는 영향: 우울의 매개효과」(청소년 문화포럼, 2015)

최승희(Choi Seunghee)
서울대학교 사회복지학 박사
현 평택대학교 사회복지학과 교수

〈주요 저서〉
『사회복지 프로그램 개발과 평가』(2판, 공저, 학지사, 2018)
『영화로 읽는 젠더와 가족』(공저, 학지사, 2015)
『가족복지론』(개정판, 공저, 양서원, 2014)

홍석준(Hong Sukjoon)

서울대학교 문화인류학과 문학박사

현 목포대학교 문화인류학과 교수

〈주요 저서〉

『포스트 차이나, 아세안을 가다』(공저, 디아스포라, 2017)

『글로벌시대의 문화인류학』(공저, 시그마프레스, 2013)

『낯선 곳에서 나를 만나다』(공저, 일조각, 2006)

홍순혜(Hong Soonhae)

미국 Minnesota 대학교 문학박사

현 서울여자대학교 사회복지학과 교수

〈주요 저서〉

『가족복지론』(공저, 학지사, 2017)

『사회복지 수퍼비전의 이해와 활용: 교육복지현장을 중심으로』(공저, 공동체, 2014)

『영화, 사회복지를 만나다』(공저, 한울, 2011)

어느덧 낯선 노년의 문 앞에서

노년의 문을 열다

On Growing Old

2019년 8월 10일 1판 1쇄 인쇄
2019년 8월 20일 1판 1쇄 발행

지은이 • 성정현 · 신영화 · 신은주 · 윤혜미 · 이숙영 · 정선욱
조수현 · 좌현숙 · 최승희 · 홍석준 · 홍순혜

펴낸이 • 김진환

펴낸곳 • ㈜ 학지사
04031 서울특별시 마포구 양화로 15길 20 마인드월드빌딩
대표전화 • 02-330-5114 팩스 • 02-324-2345
등록번호 • 제313-2006-000265호

홈페이지 • http://www.hakjisa.co.kr
페이스북 • https://www.facebook.com/hakjisa

ISBN 978-89-997-1888-5 03330

정가 13,000원

저자와의 협약으로 인지는 생략합니다.
파본은 구입처에서 교환해 드립니다.

이 도서의 국립중앙도서관 출판시도서목록(CIP)은 서지정보유통지원시스템 홈페이지(http://seoji.nl.go.kr)와 국가자료공동목록시스템(http://www.nl.go.kr/kolisnet)에서 이용하실 수 있습니다.
(CIP 제어번호: CIP2019030555)